小学校学級担任が進める

子どもが楽しむ英語活動

――アクティビティ・歌・授業プラン――

吉澤 寿一　編著

日本標準

CD 2枚付
英語の歌やチャンツ，会話，
授業プランなど多数収録！

はじめに

　新しい教育課程として学校週5日制とともに「総合的な学習の時間」に英語活動の導入をうたった学習指導要領も5年目を迎えました。この間，全国各地の小学校では，手探りの状態で試行錯誤を繰り返しながら，英語活動の実践に取り組んできました。また，ＡＬＴをはじめとするネイティブスピーカーや日本人英語講師の導入，そして語学教育ボランティアの協力など，さまざまな人々の協力に支えられて今日の小学校英語活動があることは言うまでもありません。一方，そうした協力や支援が十分でない学校でも，工夫をこらして英語活動を行ってきました。いずれにしても，国語や算数といった各教科の学習指導を日々行いながらも，担任の先生方の努力と熱意によって，英語活動が教室の中で展開されていることは，実にすばらしいことであると感じています。

　本書は，これまで地道に英語活動の授業に取り組んできた先生方の実践をわかりやすくまとめたものです。執筆された先生方の勤務校は，研究指定校や研究推進校として英語活動の研究に取り組んでいる学校ではありません。それぞれの学校・学級の実態に即して，子どもたちにとって大切なことは何かを考えながら英語活動の授業を進めてきたいわば最前線の現場での実践研究でもあります。

　さて，小学校の英語活動でいちばん大切なことは，「英語は楽しい」と感じさせることだとわたしたちは考えます。本書の執筆者もそうですが，多くの小学校の先生方は英語教育が専門ではありません。このことは子どもたちに指導するにあたってのデメリットととらえるのではなく，逆にメリットになるものと思っています。それは，先生方自身が英語活動の時間で子どもたちと一緒に学ぼうとする態度や姿勢を示す機会でもあるからです。学級担任が楽しくいきいきとして英語活動に取り組む姿こそ，各学級の子どもたちに大きな意欲と自信を育むことになるからです。

　また，「英語は，ゲームやスポーツをする気分で楽しんで身に付けるべき」とする考え方もありますが，まったくその通りだと思います。現在進められている英語活動が「語学」ではなく，ゲーム的でスポーツ的な「活動」として楽しめるものであるならば，子どもたちは，いつまでも英語に対してよい印象を持ち続けることができるでしょう。

　ともあれ，本書で紹介したアクティビティやレッスンプランが，これから英語活動を本格的に始めようとする先生方の一助となればわたしたちにとってこれ以上の喜びはありません。

　むすびに，拙いわたしたちの研究実践を一冊の本としてまとめる機会をお与えくださった日本標準出版事業部の皆様には心から感謝を申し上げます。

2006年5月　子どもたちの心に英語の楽しさがいつまでも残ることを願いつつ。

執筆者を代表して
古澤寿一

小学校学級担任が進める
子どもが楽しむ英語活動
― アクティビティ・歌・授業プラン ―

CONTENTS

006　この本の使い方

I章　英語活動のコンテンツ
―アクティビティを楽しむ―

- 010　1. ナンバー・バンドルゲームをしよう
- 012　2. モンスターゲームをしよう
- 014　3. サイモン・セズをしよう
- 016　4. 動物おいかけっこゲームをしよう
- 018　5. 「何の動物?」ゲームをしよう
- 022　6. アニマルすごろくゲームをしよう
- 024　7. ペットの仲間さがしゲームをしよう
- 026　8. ゴー・フィッシュゲームをしよう
- 028　9. 野菜落としをしよう
- 032　10. 野菜カード集めゲームをしよう
- 034　11. 「みんなでどの野菜をゲットするかな?」ゲームをしよう
- 036　12. 「たくさん野菜をゲット」ゲームをしよう
- 038　13. ブラック・ボックスゲームをしよう
- 040　14. 「何が好き?」ゲームをしよう
- 044　15. 「あなたはだれ?」ゲームをしよう
- 046　16. エンドレスゲームをしよう
- 048　17. チェーンカードゲームをしよう
- 050　18. カラータッチゲームをしよう
- 052　19. 色カード集めゲームをしよう
- 054　20. ばくだんゲームをしよう
- 058　21. さいころゲームをしよう
- 060　22. 季節の名前を英語で言ってみよう
- 062　23. どの季節に何するの?
- 064　24. 形さがしゲームで楽しもう
- 066　25. 「何時かな?」ゲームで遊ぼう
- 068　26. 「出発は何時?」ゲームをしよう
- 070　27. ショウ・アンド・テルをしよう
- 072　28. 着せかえゲームをしよう
- 074　29. ジャンボカルタをしよう
- 078　30. スポーツビンゴゲームをしよう
- 080　31. 教室はどこにあるの?
- 082　32. 伝言ゲームをしよう
- 084　33. 天気インタビューゲームをしよう
- 086　34. 病院へ行って,体の調子を話してみよう
- 088　35. 薬屋さんへ行って,手当てをしよう
- 090　36. 買い物をしよう
- 092　37. 住んでいる国ゲームをしよう
- 096　38. 自分の家族を友だちに紹介しよう
- 098　CD2[CD-ROM] の使い方

II章　英語活動にかかせない歌

- 100　1. Hello
- 102　2. Seven Steps
- 104　3. Head, Shoulders, Knees and Toes
- 106　4. Animal Talk
- 108　5. Bingo
- 110　6. If You're Happy
- 112　7. The Bus
- 114　8. Hot Cross Buns!
- 116　9. We Wish You a Merry Christmas
- 118　10. Old Macdonald Had a Farm
- 120　11. Ten Little Monkeys
- 122　12. The Finger Family
- 124　資料 [1] 絵本，CD，ビデオ紹介

III章　英語活動のグランドデザインとレッスンプラン ―指導計画と授業の流れを作る―

- 135　1. 低学年　年間指導計画
- 136　2. 中学年　年間指導計画
- 137　3. 高学年　年間指導計画

低学年
- 138　I. 数，体，動物，野菜を英語で言ってみよう！
- 140　II. 果物，色，飲み物，季節を英語で言ってみよう！
- 142　III. 形，時間，勉強道具を英語で言ってみよう！

中学年
- 144　1. 食べ物や色を使ってゲームをしよう！
- 146　2.「これは何ですか？」とたずねてみよう！
- 148　3. 野菜や学習用品を使って英語に親しもう！
- 150　4. 飲み物や果物を使ってゲームをしよう！
- 152　5. 数や時刻の言い方に慣れよう！
- 154　6. 色や着ているものの言い方に慣れよう！
- 156　7. 好きなスポーツをたずねたり，教室の案内をしたりしよう！
- 158　8. 天気を表す言葉や動物の言い方に慣れよう！
- 160　9. 体の調子を表す言葉や飲み物の言い方に慣れよう！
- 162　10. 買い物の仕方や食べ物の言い方に慣れよう！
- 164　11. 好きなお菓子や野菜をたずねてみよう！

高学年
- 166　1. 好きな果物や野菜のたずね方に慣れよう！
- 168　2. 飼っている生き物や動物のたずね方に慣れよう！
- 170　3. 好きな野菜や食べ物のたずね方に慣れよう！
- 172　4. 世界とスポーツをテーマに活動しよう！
- 174　5. 衣服と色をテーマに活動しよう！
- 176　6. 自分の家族や好きな飲み物を紹介しよう！
- 178　7. スポーツや数をテーマに活動しよう！
- 180　8. 季節や天気のことを伝えよう！
- 182　9. 体調を伝えたり，好きなお菓子をたずねたりしよう！
- 184　10. 時計や形をテーマに活動しよう！
- 186　11. 学校の中を案内したり，買い物に行ったりしよう！
- 188　資料 [2] Classroom English に挑戦してみましょう！

この本の使い方

どんな活動をすればいいの？

　教室ですぐに実践できる選りすぐったアクティビティを38例紹介してあります。イラストを入れてわかりやすく説明しています。授業に際しては，学年やクラスの実態に合わせて，自由にアレンジしてください。→ p.10 〜

　最大の特長は，全てのアクティビティの紹介の冒頭にねらいとする英語表現が明示されていることにあります。

　アクティビティは，あくまでも手段ですから，その活動を通して，取り上げた英語表現に慣れることが目的となります。ネイティブの発音が収録された付属のCD1を何回も聞かせるなどして，英語表現に慣れさせてください。CD 2には絵カードのデータもあります。

1 **1** ：CD1のトラックNo.1に会話が入っています。

チャンツ　マークのところには，チャンツもあります。

どんな歌があるの？

　子どもたちもよく知っている歌を中心に12曲紹介しています。付属のCD 1を活用して，授業のねらいにあった歌を子どもたちが楽しく歌えるように工夫してください。→ p.100 〜

　それ以外にも授業で歌える歌やチャンツの入ったCD教材も紹介しています。

教材や教具はどうするの？

　取り上げたアクティビティには，活動に必要な絵カード，学習シートなども合わせて紹介してあります。拡大コピーや増し刷りするなどして，大いに活用してください。また，アクティビティの内容に関連した絵本・ビデオなども紹介しています。→ p.124 〜

年間指導計画はどうするの？

　一年間で低学年は11時間，中・高学年は35時間の指導計画を紹介してあります。→ p.135 〜

　各学校の実態や時間数の設定の加減に合わせて，計画の変更ができるように柔軟なカリキュラム編成をしてあります。これを参考にして年間指導計画を作成してください。付属のCD 2にデータが収録されています。

レッスンプランはどう作るの？

　低学年は3時間，中・高学年は11時間の代表的なレッスンプランを紹介してあります。そのままコピーして授業に使えるように1つのレッスンプランを見開きにしました。付属のCD 2にデータが収録されています。→ p.138 〜

　また，レッスンプランで取り上げたアクティビティは，全て紹介してあります。

# I章

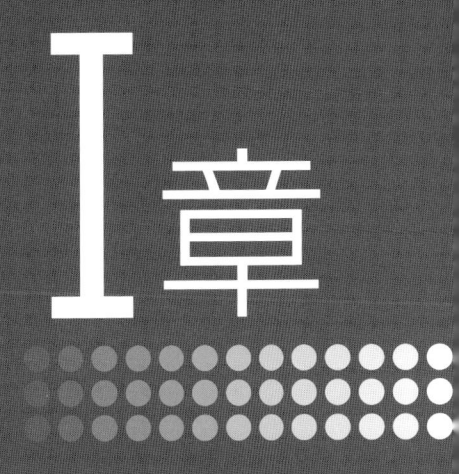

英語活動のコンテンツ
−アクティビティを楽しむ−

　英語活動の授業では，子どもたちが英語を使って活動する場面が中心となります。アクティビティがそれにあたりますが，広く考えるならば，授業全体をアクティビティととらえることができます。特に小学校段階では，「聞く」「話す」ことが大事ですので，「読む」「書く」といった英語学習には深入りしません。ですから，子どもたちが体を動かして，体で表現して，体で感じることが重要なのではないでしょうか。感覚的に英語がおもしろい，楽しいということを身に付けさせることです。

I章　英語活動のコンテンツ −アクティビティを楽しむ−

1. 英語活動での3I

英語活動の授業を効果的に進める上で，次の3つの要素（3I）が大切であると考えます。

- **Interesting**
  （興味がもてる内容）

- **Individual**
  （一人一人の活動を重視）

- **Interactive**
  （相互の会話場面の設定）

Interesting とは，

英語を使った活動自体に興味がもてることです。具体的には，身体表現や手遊びを入れた歌・チャンツを取り入れたり，ゲームや遊び，ロール・プレイ（役割演技）をしたりすることがあげられます。特に後者の場合には，英語を使う場面が想定されることが大事です。子どもたち同士がその活動を通して英語を使わなければならない状況におかれるからです。本書でも紹介している「買い物をしよう」(p.90)「病院へ行って，体の調子を話してみよう」(p.86) といったいわゆる「ごっこ遊び」は，実際の場面を想定したロール・プレイと言えます。

Individual とは，

　一斉授業の中で，一人一人の子どもに活動の場面が保障されることです。新しい言葉や英語表現を教える場面では，指導者対子どもたち全員という形での学習が進められるのは自然な形です。しかし，できるだけこうした一斉指導的な時間を短くして，子どもたち一人一人が動ける時間を多く取りたいものです。「教えてもらう」から「自分で使ってみる」といった意識を子どもたちにもたせることです。ゲームであれ，遊びであれ，集団行動的なものから，一人一人子どもが自由に動き，英語を通した活動が楽しめるような授業の構成を考えることが大切です。

Interactive とは，

　「相互に作用する」という意味ですが，ここでは一方通行的な会話から双方向的な会話を目指すことを意味しています。会話の基本はお互いのやりとりにあります。一方が語り続け，一方がただ聞くだけでは，コミュニケーションが成立しているとは言えません。互いに語り合い，互いの反応を確認し合うことが大切です。小学校段階での英語表現は，語彙数から言っても限定されたものになりますが，その少ない英語表現をうまく使って，子ども同士あるいは子どもとネイティブスピーカーを含めた指導者との会話（Interaction）を成立させることが授業のカギとなるのです。

2. アクティビティ

　英語活動の授業では，このアクティビティがその中心となります。ここでは，ゲームや遊び，ロールプレイを通して，語彙や英語表現を知ったり慣れたりすることができます。もちろん Individual で Interactive であることが大事であり，ねらいとする英語表現をどれだけアクティビティの中で，繰り返し使えるようにするのかが指導者側の工夫になってきます。ただし，正確な発音や語順のみを追い求めるような雰囲気を作ることは逆効果となります。一番大切なことは，「英語を使った活動は楽しい」と子どもたちが実感することにあるのですから。

[Numbers ／数字]　　　＊数を表す言葉＊

1.ナンバー・バンドルゲームをしよう

①①

one, two, three, four, five, six, seven, eight, nine, ten...
1, 2, 3, 4, 5, 6, 7, 8, 9, 10...

▶ねらい
数字を表す言葉に慣れる。

▶準備
- 音楽CD（バックミュージック用）

▶進め方
① 音楽をかけ，子どもたちは教室内を自由に歩きまわります。
② 先生が音楽を止め，英語で数を言います。
③ 子どもたちは先生の言った数と同じ人数で集まり，そろったら座ります。そろわなかった子どもたちは立っています。
④ 全員立たせて，①～③を繰り返します。

発展

① ゲームに慣れてきたら，先生の役を子どもがすることもできます。
② 足す（plus），引く（minus）の表現をまぜていくこともできます。足す，引くの表現を取り入れるときには，解答となる数を子どもが必ず言ってからグループになるように指示します。

　（例）　先　生：One plus two.　　　子ども：Three.
　　　　 先　生：Ten minus three.　　子ども：Seven.

ナンバー・バンドルゲーム

先生が言った数の英語を聞き取り，その数の子どもたちで集まるゲームです。

Four!

[Numbers ／数字]　　＊個数をたずねる言い方＊

2. モンスターゲームをしよう

①②

> How many eyes do you have?　あなたには目がいくつあるの？
> I have three eyes.　3つあるよ。

▶ **ねらい**
数字を表す言葉と個数をたずねる言い方に慣れる。

▶ **準備**
- モンスターシート（p.13）
- B4サイズの紙
- 解答用のお面

▶ **進め方**
① 先生がモンスター役になり，目や鼻，口の数が多かったり少なかったりするお面を作ります。
② お面を子どもたちから見えないようにかぶります。
③ 6枚のモンスターシートを黒板に貼ります。クラスを6グループに分け，それぞれのグループで順番を決め，1人ずつ黒板の前に出て，自分のグループのモンスターカードの前に立ちます。
④ 前に立った子どもたち全員で何についてたずねるかを相談し，"How many eyes do you have?" などと声をそろえて質問します。先生は，"I have three eyes." と答えます。
⑤ 子どもたちは，お互いに見せないようにしてモンスターシートに先生のお面になるように答えを描きこみます。描き終わったら，自分のグループの次の順番の子どもと交代します。
⑥ 前の子どもたちとはちがう質問をします。（例：目→鼻→口→歯→耳→まゆげ）
　　④～⑤の作業を繰り返します。
⑦ 最後に，先生が解答用のお面を子どもに見せます。

発 展

① ゲームに慣れてきたら，先生の役を子どもがすることもできます。
② モンスター役（解答）で数以外の表現をまぜていくこともできます。
　（例）How many ears do you have?　I have four red ears.
　　　 How many teeth do you have?　I have eight sharp teeth.

モンスターゲーム

先生が解答する顔の部位の数の英語表現を聞き取り、モンスターの顔を描いていくゲームです。

How many eyes do you have?

I have three eyes.

最後に…

The answer is... Baaaaa!!

顔の部位 ①③

head — eye, ear, mouth
face — eyebrow, nose, tooth (teeth)

〈モンスターシート〉

顔の輪郭だけ描いておく。

もう一枚の紙

各グループの答えが見えないようにするために使う。

[**Body Parts／体**]　　　＊命令・指示する言い方＊

3. サイモン・セズをしよう

① ④ チャンツ

> Touch your head.　頭をさわろう。

▶ **ねらい**
体の部位の言い方や命令・指示する表現に慣れる。

▶ **進め方**
① 子どもたちは動きやすいように間隔をあけ，先生が見えるように立ちます。
② 先生は "Simon says, 'Touch your head.'" などと言い，子どもたちは先生が言った通りの動作をすばやくします。
③ 先生が "Touch your nose." などと Simon says を付けないで言った場合，子どもたちはその動作をしてはいけません。先生は，はじめ，動作をつけながら指示していくとよいです。わざとまちがえた動作を見せながら指示していくと，子どもたちはしっかり聞き取ろうとして集中力が高まります。
④ まちがったらその後は座ったままでゲームに参加し，最後まで立っていた人が勝ちになります。また，まちがえても座らせないで，そのままゲームを続けてもよいでしょう。ゲームの前か後には，歌 "Head, Shoulders, Knees and Toes" (p.104 〜 105 CD1 ⑤⑦) を体を動かしながら歌うと盛り上がります。

発 展

① 体を使うほかの指示を入れてみるのも刺激的で楽しいです。

　　(例) Sit down.　座ろう。　Stand up.　立とう。　Clap your hands.　手をたたこう。
　　　　Turn around.　回ろう。
　　　　Raise your (right / left) hand. (右／左) 手をあげよう。
　　　　Jump three times.　3回ジャンプしよう。

② 慣れてきたら，命令バトルゲーム (p.15) のようなグループ対抗戦をしてみましょう。白熱することまちがいなしです。

サイモン・セズ

先生の指示を聞き取って動作をするゲームです。

Simon says, "Touch your head."

命令バトルゲーム（発展のゲーム）

▶準備
- 黒板など得点が記録できるもの

▶進め方
① 4～6人のグループになり，各グループ1列に並びます。
② 列の先頭の子どもが先生の指示にしたがって，自分の体の部位などをさわります。動作が一番すばやいグループがポイントを獲得します。
③ 先頭の子ども全員が各列の最後尾に移動し，次に先頭になった子どもたちが対戦します。これを繰り返し，最後に得点が一番多いグループが勝ちです。

[Animals ／動物]　　　＊動物を表す言葉＊

4. 動物おいかけっこゲームをしよう

① ⑤

> gorilla, lion, zebra, penguin...
> ゴリラ, ライオン, シマウマ, ペンギン...

▶ **ねらい**
いろいろな動物の言い方に親しむ。

▶ **準備** 
- 動物おいかけっこゲームシート（p.17）
- さいころ
- こま（おはじきなど）

▶ **進め方**
① ゴリラチームとウサギチームの2チームに分かれます。
② それぞれ1人1こずつこまを持って動物おいかけっこゲームシートの自分のチームの動物がかいてあるスタートの上に置きます。
③ チーム交替で1人ずつさいころを振り、動物の名前を言いながら、出た目の数だけこまを進めます。
④ こまを進めたとき、相手チームのこまがある場所でぴったり止めることができたら、その場所の相手チームのこまはアウトとなり、こまをスタートの場所まで戻してやり直します。ゲームの時間を決め、最後に"スタート"以外のシート上にこまが多く残ったチームが勝ちとなります。

発展

① 対戦チームが同人数になるようにチーム編成しますが、少ない人数にすると、一人一人の活動の機会が増えます。
② さいころの目の数だけこまを進め、止まったところで、"I like koalas."と言うようにします。

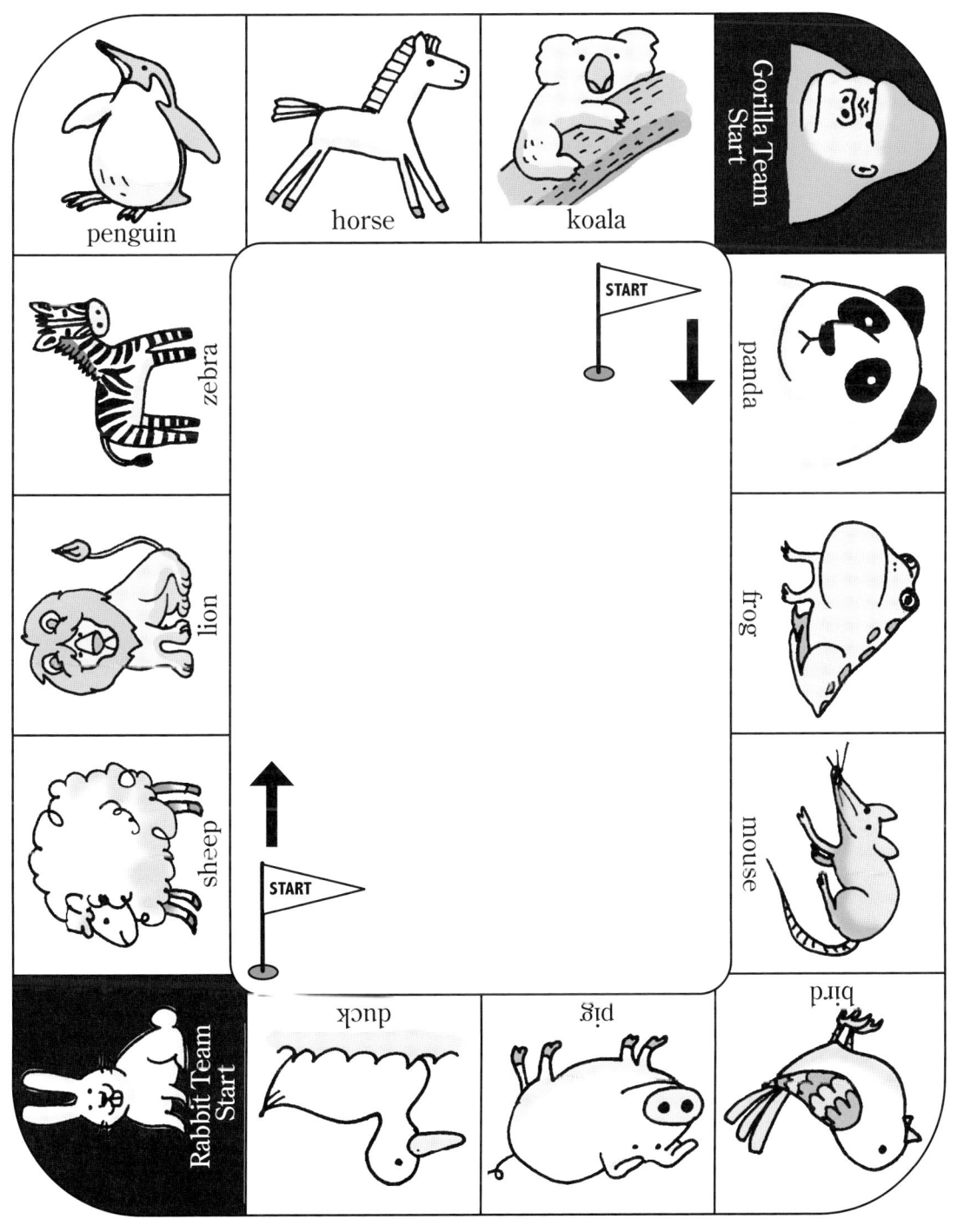

動物おいかけっこゲームシート ②

penguin	horse	koala	Gorilla Team Start
zebra			panda
lion			frog
sheep			mouse
Rabbit Team Start	duck	pig	bird

[Animals／動物]　　　＊動物の名前をたずねる言い方＊

5.「何の動物？」ゲームをしよう

① ⑥

What animal is this?　何の動物？
It's a horse.　馬だよ。

▶ねらい
　動物を表す言葉と "What 〜 ?" のたずね方，答え方に慣れる。

▶準備
- 動物カード rabbit, giraffe, elephant, snake, kangaroo, monkey, pig, horse (p.20 〜 21)
- おおいとして使うもの（画用紙，布，紙袋など）

▶進め方
① 5, 6人のグループを作り，グループごとに動物を1つ選びます。
② 動物の一部しか見えないようなカードの見せ方を各グループが工夫します。レベル1，レベル2と，難→易の段階をつけたカードの見せ方ができるようにします。(p.19 参照)
③ 各グループ交替に，②で考えたさまざまな方法で出題します。
　"Level 1. What animal is this?"
④ 解答グループは1人ずつ交代で，出題グループに動物の名前を伝えます。ほかのグループに聞こえないように小声で伝えます。
　"It's a snake." / "A snake."
⑤ レベル1で正解したグループは2点もらえます。（レベル2までのとき）
⑥ 不正解のグループはレベル2の出題でもう1度トライします。レベル2で正解できたら1点，不正解のときは0点で得点数を競います。
⑦ 最後に動物の全体図を掲げ，もう1度 "What animal is this?" とグループごとにたずねます。残りの子どもたちは，"It's a bear." のように答えます。まずは先生が出題者になり，慣れてきたら子どもたちが出題するとよいでしょう。

発 展

動物の一部を見せながら，英語表現を増やしていきます。	（例）This animal is tall. The neck is very long. What animal is this? It's a giraffe.

「何の動物?」ゲーム

動物の絵カードの一部を見せて，何の動物か当てるゲームです。

- What animal is this?
- Level 1.
- ??
- Kangaroo?
- It's a rabbit.

動物カードの見せ方の工夫例

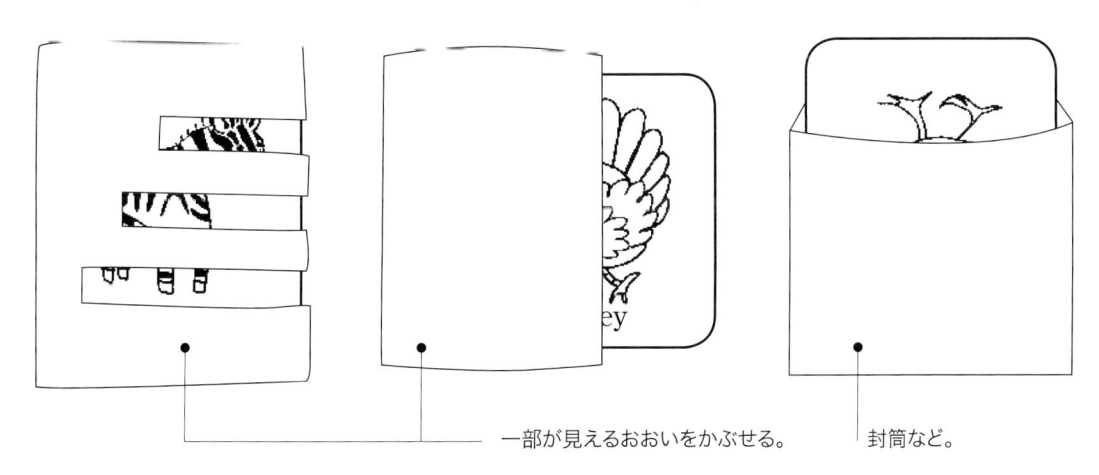

一部が見えるおおいをかぶせる。

封筒など。

動物カード

koala	mouse	 turkey	bear
 sheep	 goat	goose	 frog
 giraffe	elephant	 snake	 kangaroo
 monkey	pig	 horse	 lion

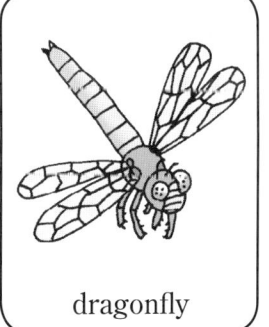

goldfish	duck	cow	turtle
panda	tiger	gorilla	penguin
zebra	dog	cat	rabbit
hamster	butterfly	dragonfly	beetle

[Animals ／動物]　　＊もっているものをたずねる言い方＊

6. アニマルすごろくゲームをしよう

① 8

> Do you have a "koala"?　　コアラのカードをもっている？
> Yes, I do. / No, I don't.　もっているよ。／もっていないよ。

▶ ねらい
　動物を表す言葉と "Do you have 〜?" のたずね方，答え方に慣れる。

▶ 準備
- 動物カード koala, mouse, turkey, bear, sheep, goat, goose, frog など 各5枚 (p. 20 〜 21)
- 白紙カード6枚，START カード，GOAL カード各1枚，さいころ1個，すごろくのこま（人数分）

▶ 進め方
① 4〜5人のグループを作ります。
② グループごとに，動物カードを1人3枚ずつ裏返しにして配ります。
③ 残りの動物カードを表向きに8の字の形に並べます。間に，白紙カード6枚，STARTカード，GOALカード各1枚を置きます。
④ 順番にさいころを振り，出た数だけSTARTカードからこまを進めます。カードの動物名を英語で言いながら進みます。
⑤ 白紙カードの上でこまが止まったときは，メンバーのうちの1人にカードの動物のうちのどれか1つについて，次のようにたずねます（手持ちの動物カードは，自分のためには使えません）。
　A : Kaori, do you have a frog?　B : Yes, I do. Here you are. ／ No, I don't. I'm sorry.
　"Yes." のときは，そのカードを白紙カードの上にのせ，自分のこまを置きます。"No." のときは，もう1つちがう動物についてたずねることができます。2回の質問でも "No." の場合はSTARTカードまで戻ります。
⑥ ぴったりGOALカードの上でこまが止まったら，「あがり」です。GOALを通過してしまったら，8の字を回り続けます。

発展

白紙カードを多くすると，英語表現の機会が増えます。動物の種類を増やしたり，動物の名前に「大きな」「小さな」などの形容詞を加えると難易度が高くなります。

（例）Do you have a "small mouse"?
　　　Do you have a "big elephant"?

アニマルすごろくゲーム

メンバーが持っている動物カードを予想して質問し，こまを進めるゲームです。

[Animals／動物]　　　　　　＊飼っているという言い方＊

7. ペットの仲間さがしゲームをしよう

①　9

> Do you have a pet?　ペットを飼っている？
> Yes, I do. I have a dog.　はい，犬を飼っているよ。
> No, I don't.　いいえ，飼っていないよ。

▶ ねらい

いろいろな動物の名前を知る。

▶ 準備

- 動物カード dog, cat, hamster, rabbit など各5～7枚 (p.20～21)

▶ 進め方

① 子どもたちは各1人1枚カードを持って，自由に歩き回ります。友だちにはカードを見せないようにします。

② 先生が何人の仲間作りをするかを言います。子どもたちは，出会う友だちに "Do you have a pet?" と聞き，聞かれた相手は自分の持っているカードの動物で，"Yes, I do. I have a dog." などと答えます。自分も同じカードを持っていたら，仲間になることができます。聞かれた子どもも逆に質問して，お互いにやりとりします。最低5人の友だちと聞き合うようにします。

③ 仲間になった友だちと一緒に歩き回り，同じように新しい友だちに一緒に聞き合って仲間を増やしていきます。はじめに先生の言った人数になったら，前に行って座ります。いちばん早く仲間作りができた動物のチームが勝ちです。先生は "Good job. Dog Team is the winner." などと言って終わります。

発 展

ゲームに慣れてきたら，カードは持たずに，実際に子どもたちが飼っているペットを聞き合い，同じように仲間作りをします。ペットを飼っていないなら，"No, I don't." と答え，ペットなしの仲間を作っていきます。どんな動物が出てくるか予想がつかないので，会話する楽しさが増します。「犬，犬！」など日本語を言ったり，叫ぶだけで会話せずに集まったりしたらアウトというルールを決めて，アイコンタクトで聞き合うことも促します。ゲームの前に歌 "Animal Talk" (p.106, CD1 58) を聞いて，みんなで歌う活動も入れると，犬やねこ，豚，羊の鳴き声も知ることができます。"Bowwow." "Meow." などをゲームの質問に入れると楽しいです。

ペットの仲間さがしゲーム

友だちと飼っているペットを聞き合い，動物の名前を英語で伝えていくゲームです。

Make groups of five children.

Good job.
Dog Team is the winner.

Yes, I do. I have a dog.

Do you have a pet?

[Animals ／動物]　＊飼っている動物をたずねる言い方＊

8. ゴー・フィッシュゲームをしよう

① 10

> Do you have a goldfish?　金魚を飼っている？
> Yes, I do. ／ No, I don't.　飼っているよ。／ 飼っていないよ。

▶ねらい
動物を表す言葉とものをたずねる言い方に慣れる。

▶準備
- 動物カード pig, goldfish, duck, cow, goat, horse, sheep, goose 各3枚 (p.20 ～ 21)

▶進め方
① 5人ぐらいのグループになって座ります。
② カードを1人3枚配ります。残りのカードは裏返しのまま，真ん中に積んでおきます。
③ カードをほかの子に見えないようにして持ち，質問する順番を決めます。
④ となりの子どもに "Do you have a goldfish?" のように，自分の持っている動物カードと同じカードが3枚そろいそうな動物についてたずねます。
⑤ 聞かれた子どもはそのカードを持っていれば，"Yes, I do." と答え，そのカードを渡します。"Yes." の場合，続けて次の子どもに質問できます。同じカードが3枚そろったら自分の前に出し，さらに次の子どもへと質問を続けます。質問されたカードを持っていないときは，"No, I don't. Go fish!" と答えます。ゲームの中の "Go fish!" は "さがしに行く" という意味で使っています。
⑥ "No, I don't. Go fish!" と言われたら，真ん中にある1番上のカードを取ります。これで3枚そろえばまた自分の前に出します。そろわなければ，手持ちのカードに加えます。そして質問者を交代します。
⑦ 早く手持ちのカードがなくなった子が勝ちです。

発 展

自分の前にカードを並べたとき，動物の特徴を説明すると英語表現が広がります。

（例）I have three ducks.
　　　 They can swim.

ゴー・フィッシュゲーム

自分の持っているカードと同じカードを 3 枚集め,
早く手持ちのカードをなくした人が勝ちのゲームです。

Do you have a goldfish?

No, I don't. Go fish!

[**Vegetables**／野菜]　　　　　　　　　　　　　＊野菜の言い方＊

9. 野菜落としをしよう

①　11

> Onion, onion, cabbage.　タマネギ，タマネギ，キャベツ。

▶ **ねらい**
いろいろな野菜の言い方に慣れる。

▶ **準備**
- 野菜カード (p.30～31)

▶ **進め方**
① 5～10人のグループを作ります。広いスペースで円になって座り，最初のオニを決めます。
② 先生は onion など，野菜の絵カードを1枚見せます。オニの子どもは提示された野菜にしたがって，1人ずつ肩をさわりながら "Onion." と言いながら円のまわりを歩いていきます。
③ オニは突然ちがう野菜の名前を言い，その子の場所まで1周走って逃げます。言われた子は，立ち上がってオニを追いかけます。
④ オニがタッチされずにその子がいた場所に座ることができたら，オニを交代します。タッチされたら，オニを続けます。先生は，提示する野菜を適宜変えていきます。

発　展

いろいろな単語を使って応用ができます。文を使っても楽しむことができます。例えば，オニが "Do you like tomatoes?" と言い，座っている子が自分の好みにしたがって "Yes, I do." または "No, I don't." と答えます。オニが "Do you like carrots?" などと突然ちがう野菜について言ったら，言われた子はオニを追いかけます。

野菜落とし

ハンカチ落としの野菜バージョンです。ハンカチのかわりに野菜の名前を使い，友だちの言っている名前をよく聞き取るゲームです。

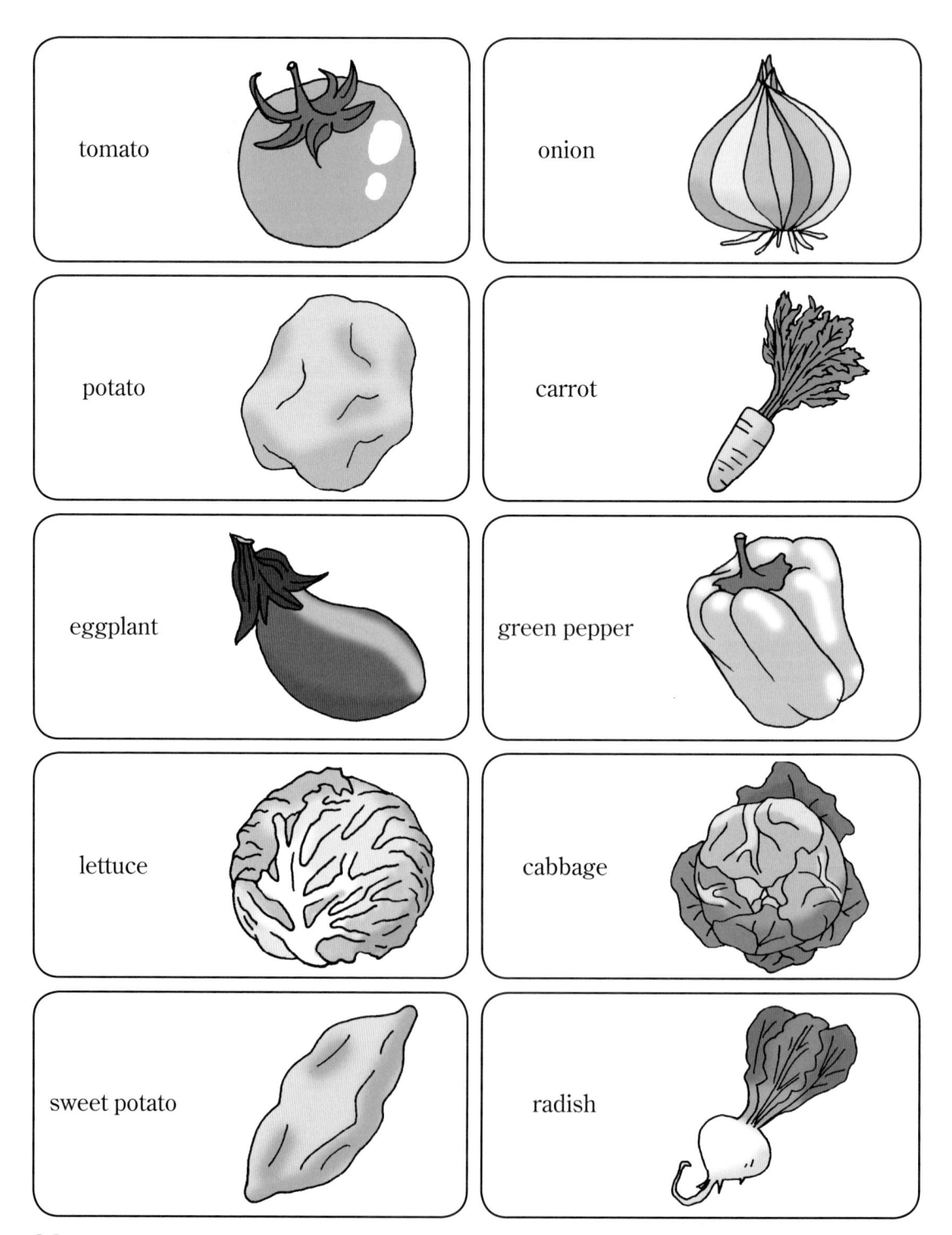

tomato	onion
potato	carrot
eggplant	green pepper
lettuce	cabbage
sweet potato	radish

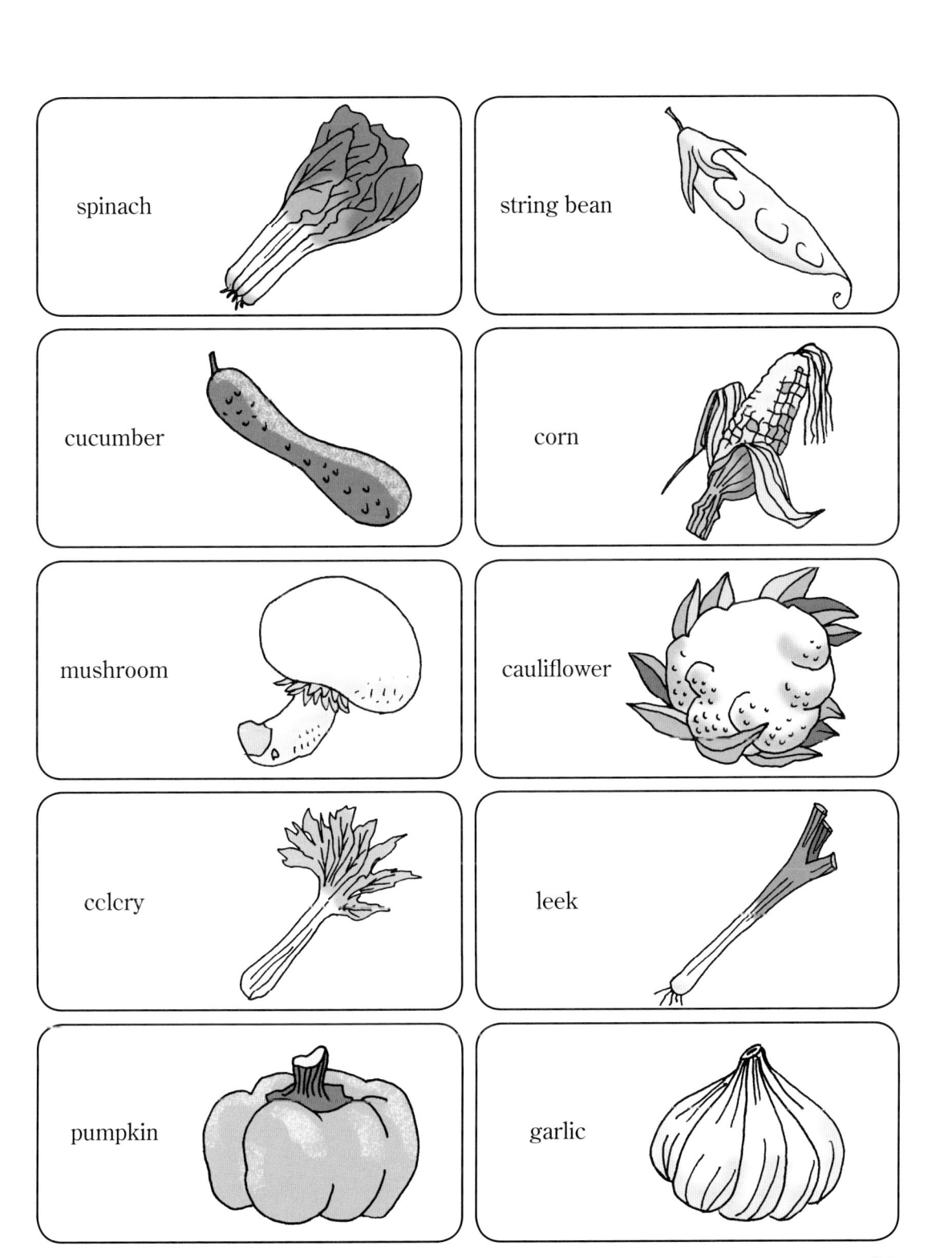

spinach	string bean
cucumber	corn
mushroom	cauliflower
cclcry	leek
pumpkin	garlic

[Vegetables／野菜]　　＊好きなものをたずねる言い方＊

10. 野菜カード集めゲームをしよう

① 13

Do you like tomatoes? トマト好き？
Yes, I do. / No, I don't.　うん，好きだよ。／ううん，好きじゃないよ。

▶ねらい
野菜が好きかどうかをたずねる言い方に慣れる。

▶準備
- tomato, onion, carrot, potato, lettuce, cabbage などの野菜カードを合計でクラスの人数×3枚分 (p.30～31)

▶進め方
① 子どもは野菜カードを1人1枚ずつ持ちます。
② 先生の「はじめ」の合図で自由に歩き回り，会った人に "Do you like onions?" などと相手が持っていそうな野菜を予想して質問します。
③ 質問された野菜カードを持っていたら "Yes, I do.",持っていなかったら "No, I don't." と答えます。"Yes." の場合，その野菜カードを1枚渡します。
④ お互いに質問し合ったら "Bye." と言って別れ，新しい相手を見つけて同様の質問をしていきます。多くの友だちとのコミュニケーションを楽しむために，同じ相手に質問できるのは1回だけに限定します。
⑤ カードが手元になくなったら，先生にもう1枚もらいます。最後に1番多くカードを集めた子どもが勝ちです。

発 展

① like を have にかえても同様の活動ができます。
　(例)　Do you have a carrot?
　　　　Yes, I do. / No, I don't.
② cucumber (きゅうり), spinach (ほうれんそう), green pepper (ピーマン) など，日本語の名前と全く異なる野菜にもチャレンジしてみましょう。

野菜カード集めゲーム

好きな野菜について聞き，相手がその野菜カードを持っていたらもらい，たくさんカードを集めるゲームです。

[Vegetables／野菜]　　　　　　＊好きなものをたずねる言い方＊

11.「みんなでどの野菜をゲットするかな？」 ゲームをしよう

① 14

> What vegetable do you like?　好きな野菜は何？
> I like potatoes.　じゃがいもだよ。

▶ねらい
いろいろな野菜の言い方に慣れる。

▶準備
- 10 枚の野菜カード（p.30 ～ 31）の野菜のカードを拡大し，B4 くらいにしたもの
- かご1つ

▶進め方
① 10 枚の野菜カードを教室のいろいろな場所に貼ります。床の中央にかごを1つおきます。
② 子どもたちは，"Walking, walking, walking..." と言いながら歩きます。
③ しばらくして先生が "What vegetable do you like?" と聞きます。子どもたちは，一番目に好きな野菜カードのところへ移動します。
④ 先生がもう1度 "What vegetable do you like?" とカードのグループごとに聞くと，"I like potatoes." "I like tomatoes." などと大きな声で子どもたちは答えます。答えた順に座っていきます。
⑤ いちばん多く子どもが集まった野菜カードを中央のかごに入れます。
⑥ 残った野菜のカードで，同じように②～⑤を繰り返し，2番目に好きな野菜，3番目に好きな野菜と続けてやります。
⑦ 最後に，かごの中に入っている3つの野菜カードを先生が1枚ずつ持ち上げて "What vegetable do you like?" と聞くと，子どもたち全員で "I like ～ ." と答えます。先生は，"OK, good job. We got these vegetables." と言って終わります。

発 展
⑦で，先生が野菜の色も質問すると，子どもたちの語彙が広がります。
（例）
What vegetable do you like?	I like tomatoes.
What color is this?	It's red.
What vegetable do you like?	I like potatoes.
What color is this?	It's brown.

「みんなでどの野菜をゲットするかな？」ゲーム

先生が質問する英語表現を聞き取り，その答えとなる野菜をさがすゲームです。

What vegetable do you like?

Walking, walking, walking...

Walking, walking, walking...

かご

[Vegetables ／野菜]　　　＊好きなものをたずねる言い方＊

12.「たくさん野菜をゲット」ゲームをしよう

① 14

What vegetable do you like?　好きな野菜は何？
I like potatoes.　じゃがいもだよ。

▶ ねらい
いろいろな野菜の言い方に慣れる。

▶ 準備
- 野菜カード 30 枚（p.30 ～ 31）の野菜カードから選んだ 10 種類各 3 枚
- 机 15 こ

▶ 進め方
① クラスを 6 つのチームに分けて，2 チームが一組になります。1 組に机を 5 つ用意して縦に長く並べ，野菜カードを 10 枚裏向きに並べます。机の両側にチームごと 1 列に並びます。
② 先生が「はじめ」の合図をしたら，各チームの最初の子どもは前に進み，出会ったらジャンケンをします。勝った子どもはカードを 1 枚選び，表に返します。ほかの子どもたちは "What vegetable do you like?" と聞きます。カードをめくった子どもは "I like potatoes." などとカードの野菜を答えたらカードをゲットできます。カードの野菜を答えられないときは，ジャンケンに負けた子が答えて，正解ならカードをゲットできます。もし，2 人とも答えられないときは列の後ろに並びます。
③ 2 番目からの子どもたちも同じように対戦して，机の上のカードがなくなったら，ゲームは終わりです。獲得したカードの多いチームが勝ちです。

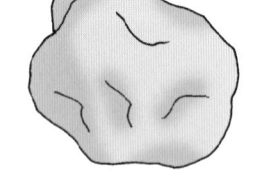

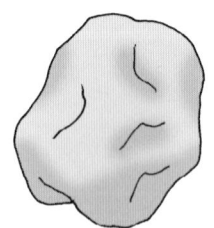

発 展
① 勝ったチームごとに対戦して，勝ち抜き戦をすると，たくさんの野菜の名前を言うことになり，より野菜の言い方に慣れることができます。
② 選んだカード以外の野菜を使ってやってみるのもよいです。
③ 野菜以外の果物にかえて楽しむこともできます。

「たくさん野菜をゲット」ゲーム

友だちが質問する英語表現を聞き取り, その野菜の名前を答えるゲームです。

What vegetable do you like?

I like potatoes.

[Food ／食べ物]　　　　　　　　＊ものをたずねる言い方＊

13. ブラック・ボックスゲームをしよう

① 15

> What's this?　これ，なあに？
> An apple.　りんご。

▶ねらい
いろいろな果物の言い方に慣れる。

▶準備
- ブラック・ボックス
- 果物の模型

▶進め方
① ブラックボックスと果物の模型を用意し，子どもたちから1人オニを選びます。
② オニは後ろを向いて，ブラック・ボックスを見ないようにします。ほかの子どもたちは相談して，果物を1つブラック・ボックスの中に入れます。
③ オニは，ブラック・ボックスの果物をさわって，何か予想します。
④ オニ以外の子どもたちが，"What's this?" とオニに聞きます。
⑤ オニは，手ざわりで予想したものを "An apple." などと答えます。
⑥ オニは果物を取り出して，当たっているかどうかを確かめます。当たっていれば，オニ以外の子どもたちは "Good job!" などとほめます。当たっていなくても "Thank you." などと言います。
⑦ 全員がオニを経験できたら終わりです。

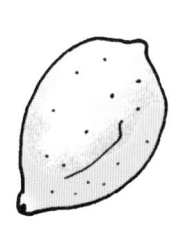

発 展

果物のかわりに，野菜の模型や動物のぬいぐるみを使うこともできます。

ブラック・ボックスゲーム

箱の中の物を予想して，果物の名前を英語で答えるゲームです。

An apple.

ブラック・ボックス

What's this?

[Food／食べ物]　　　　　＊好きなものをたずねる言い方＊

14.「何が好き？」ゲームをしよう

① 16

What food do you like?　　どんな食べ物が好き？
I like curry and rice.　　カレーライスが好きだよ。

▶ねらい
食べものを表す言葉と好きな食べ物をたずねる言い方に慣れる。

▶準備
- 食べ物カード（p.42〜43）
- 音楽CD（バックミュージック用）

▶進め方
① ハンカチ落としと基本的に同じルールです。2つのグループに分かれ，円になって座ります。
② 各グループで1人オニを決め，オニ以外の人に1人1枚ずつ裏返した絵カードを配ります。オニは円の外に立ちます。
③ 音楽に合わせて，歌いながら裏返しにした食べ物カードをとなりの人に回していきます。オニは子どもたちのまわりを音楽に合わせて，時計回りに歩きます。
④ 音楽が止まると同時に，子どもたちは"What food do you like?"とオニに聞きます。オニはカードにある食べ物の名前を1つ，"I like 〜."を使って言います。単語のみでもOKです。
⑤ 座っている子どもたちはオニが言った食べ物の名前を言って，自分が持っている食べ物カードを一斉に表に向けてカードを確かめます。
⑥ オニの言った絵カードを持っている子どもは，すばやくその絵カードを真ん中におき，立ち上がって時計回りにオニを追いかけます。
⑦ オニはカードを持っていた子どもにタッチされる前に，その子どもの場所に座り，真ん中の絵カードを取ります。
⑧ オニが言った絵カードを持っていた子どもが次のオニです。逆に，オニが絵カードを持っていた子どもにタッチされたら，もう1回オニになります。

発 展

食べ物の言葉を増やします。

「何が好き？」ゲーム

ハンカチ落としの食べ物バージョンです。ハンカチのかわりに食べ物の名前を使い，友だちの答えた名前をよく聞き取るゲームです。

I like curry and rice.

食べ物カード

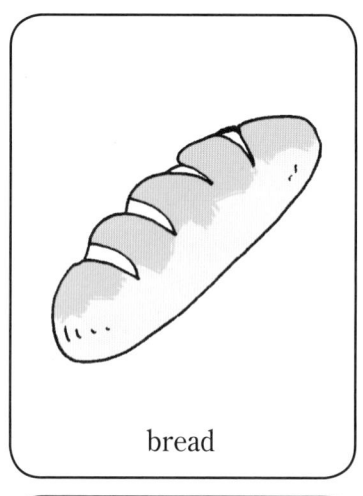

bread	chicken	curry and rice
hamburger	rice	salad
sandwich	spaghetti	steak

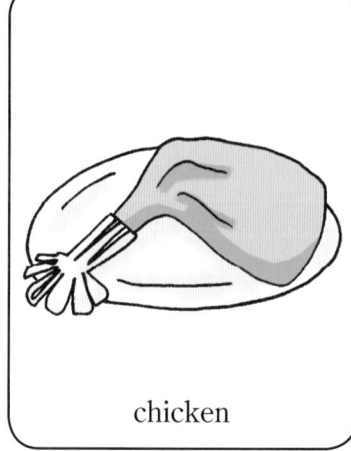

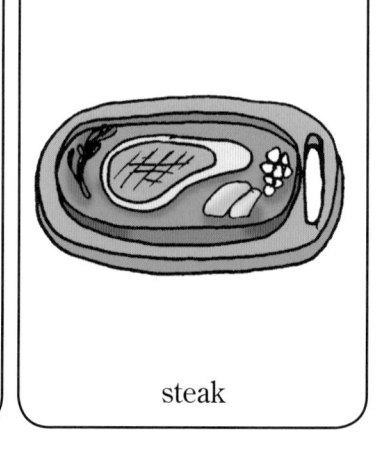

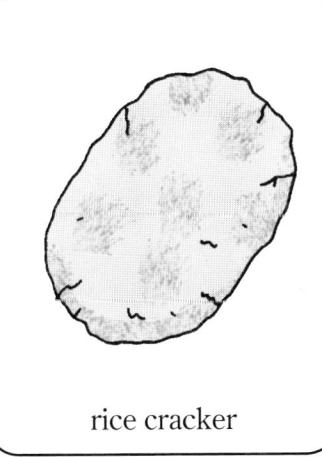

pizza	cake	candy
chocolate	cookie	cream puff
pudding	rice cracker	ice cream

[Food ／食べ物]　　　＊好きなものをたずねる言い方＊

15.「あなたはだれ?」ゲームをしよう

① 18

Do you like hamburgers?　ハンバーガーは好き?
Yes, I do. / No, I don't.　うん，好きだよ。/ ううん，好きじゃないよ。

▶ねらい
食べ物を表す言葉と好きな食べ物をたずねる言い方に慣れる。

▶準備
- ★のついた人物をいろいろ変えたインタビューシート（人数分）(p.45)

▶進め方
① 子ども一人一人にインタビューシートを配ります。自分がもらったシートについた星印（★）の人になりきります。カードは，友だちに見せないようにします。
② 子どもたちはインタビューシートを持って教室内を歩き，友だちとお互いに "Do you like hamburgers?" などと質問をしていきます。質問はお互いに3つまで可能です。★のついている人物欄を見て，○がついていれば "Yes, I do.",×がついていれば "No, I don't." と答えます。答えから，相手はどの人物なのかを推測してインタビューシートに記入していきます。質問が終わっても，お互いに自分の正体を明かさないことを徹底させます。
③ ②を繰り返します。
④ 答え合わせを全体でします。たとえば，先生が "Who is John? Stand up!" と言うと，Johnになっていた子どもたちが立ちます。それを見て，ほかの子どもたちは正誤をチェックします。より多く当てた人が勝ちです。

発展

シートに掲載する食べ物や人物を増やしたりします。それによって，人物が予想できるように質問する回数も増えます。

インタビューシート ①19 チャンツ ②

ここに友だちの名前を書きます。	(例)★ John ( ) ( ) ( )	Mary ( ) ( ) ( )	Mike ( ) ( ) ( )	Susan ( ) ( ) ( )	Tom ( ) ( ) ( )
curry and rice	○	○	×	×	○
hamburger	×	○	○	×	○
salad	○	×	×	○	×
sandwich	×	○	×	×	○
spaghetti	×	×	○	×	×

[Food ／食べ物]　　　＊好きなものをたずねる言い方＊

16. エンドレスゲームをしよう

① 20

What sweets do you like?　好きなお菓子は，何？
I like cakes.　ケーキだよ。

▶ねらい
いろいろなお菓子の言い方に慣れる。

▶準備
- お菓子カード（p.47）

▶進め方
① クラスを2チームに分け，向かい合って並びます。並んだ順番に，前から①，②…とします。
② お菓子カードを黒板に貼ります。先生が "What sweets do you like?" とたずね，子どもたちは前から順番に，"I like cakes." のように，自分の好きなお菓子を選んで答えます。
③ 1人が答えた後に，全員でリズムよく2回手拍子をたたき，次に相手チームの子どもが答えます。
　先生：What sweets do you like?
　Aチーム①：I like cakes. (Clap, clap)
　Bチーム①：I like ice cream. (Clap, clap)
　Aチーム②：I like pudding. (Clap, clap)
　Bチーム②：I like cookies. (Clap, clap)
④ リズムに乗れなかったり，答えられなかったりしたら負けです。

What sweets do you like?

I like cakes.

発展
好きなお菓子を答えた後，番号をコールして次に言う子を指名するのもよいでしょう。

（例）Aチーム①：I like cakes. Number 3.　(Clap, clap)
　　　Bチーム③：I like ice cream. Number 5.　(Clap, clap)
　　　Aチーム⑤：I like pudding. Number 6.　(Clap, clap)
　　　Bチーム⑥：I like cookies. Number 4.　(Clap, clap)

お菓子カード 1 21 チャンツ 2

cake	candy	ice cream
jelly	parfait	muffin
waffle	pudding	tart
cookie	apple pie	pancake
chocolate	doughnut	eclair

[**Food／食べ物**]　　　　　＊好きなものをたずねる言い方＊

17. チェーンカードゲームをしよう

① 22

What fruit do you like?　好きな果物は，何？
I like grapes.　ぶどうだよ。

▶ねらい
いろいろな果物の言い方に慣れる。

▶準備
- 果物カード（p.49）

▶進め方
① 5,6人のグループを作ります。トランプゲームのダウトと基本的に同じルールです。
② カード（使いたい果物×人数分）をよく切り，全員に配ります。グループの中でカードを出していく順番を決めます。
③ 決めた順にカードを裏返して真ん中に出していきます。そのとき，出す人以外が "What fruit do you like?" と聞きます。出す人は "I like grapes." などと言います。
④ 出されたカードがうそだと思った人は，"Doubt!" と言います。
⑤ カードを確かめ，うそだったらカードを出した人は出ている全部のカードを引き取ります。出したカードが正しかったら，"Doubt!" をかけた人がカードを引き取ります。
⑥ 最初にカードがなくなった人が勝ちです。

発 展

出す順番をあらかじめ決めておいて，出していく方法もあります。
（例）I like apples. → I like oranges. → I like grapes. → I like melons.
自分の好きなものではなく，必ずこの順番で答えるルールにするとよりスリリングです。

果物カード

apple	orange	grapes
watermelon	strawberry	pineapple
bananas	melon	lemon
cherries	kiwi	blueberries
peach	pear	grapefruit

[**Colors／色**]　　　　　　　　　　　　　　＊色の言い方＊

18. カラータッチゲームをしよう

① 24

> Touch something red.　赤いものにタッチしよう。

▶ **ねらい**
いろいろな色の言い方に慣れる。

▶ **準備**
- いす（人数から1ひいた数）
- 扱う色の物が活動場所にあまりない場合は，さりげなくおいたり貼ったりしておくとよいでしょう。

▶ **進め方**
① 広いスペースにいすを円形に並べます。移動できるように，いすといすの間を少しあけます。
② オニが1人真ん中に立ち，そのほかの子どもはいすに座ります。
③ オニは "Touch something red." などと自分の好きな色を言います。いすに座っている子どもは立ち上がってその色の物をさがします。
④ オニが言った色の物にさわったら，自分が座っていたいす以外のいすにすばやく座ります。オニもあいているいすに座ります。
⑤ いすに座れなかった子が新しいオニになります。
⑥ ②〜⑤を繰り返します。

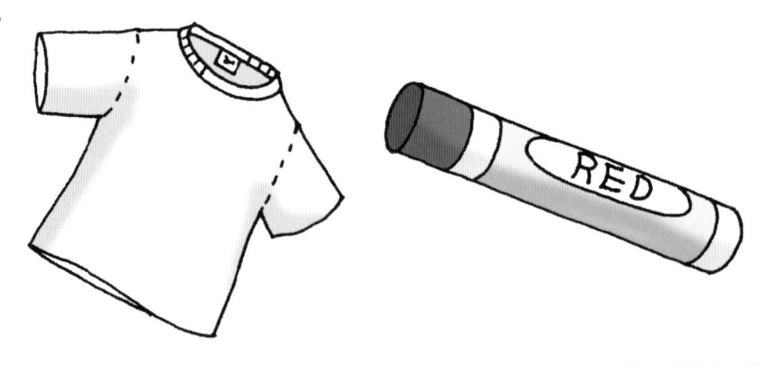

発 展
① 座っている子ども全員でオニに好きな色をたずね，ゲームを進めることもできます。
　（例）What color do you like?
　　　　I like yellow.
② 2色指定して，2つの物をさがしたりするとゲームのレベルが高くなります。

カラータッチゲーム

オニの言う色を聞き取り，その色の物にさわるゲームです。

"Touch something red."

[Colors／色]　　　＊ほしいものをたずねる言い方＊

19. 色カード集めゲームをしよう

① 25

What color do you want?　何色がほしい？
I want red.　赤がほしいな。

▶ねらい
いろいろな色の言い方に慣れる。

▶準備
- red, blue, yellow, black, white, green, orange などの色カード（合計でクラスの人数×4枚）
- オールマイティのカード（7色のレインボーカードなど）5〜10枚，カードはすべて名刺サイズで裏面白
- ボーナスチップ

▶進め方
① カードを1人3枚ずつ配ります。自分の集めたいカードを決めるように伝えます。
② 子どもは自由に歩き回り，会った人に "Hello. What color do you want?" と聞き，相手は "I want red, please." などと必要な色を答えます。その色を持っていたら1枚渡し，代わりにいらないカードを1枚もらいます。持っていなかったら "Sorry." と言います。カードを渡すときは "Here you are."，もらうときは "Thank you." と言うようにします。オールマイティのカードは何色としても使えます。
③ お互いに聞き合い，"Bye." と言って別れます。相手を変えながら自分の決めた色のカード3枚が手に入るまで続けます。
④ 3枚そろったら先生にカードを渡し，1組そろった印にボーナスチップをもらいます。新たに別の3枚のカードをもらって，①〜④を繰り返します。
⑤ ボーナスチップをたくさんもらった人が勝ちです。ボーナスチップを3枚あげる回を設けるなど、接戦や逆転を演出すると盛り上がります。

発 展

聞き合うことに慣れてきたら brown, purple, gray, pink, light blue などの色にかえ，変化をつけてゲームを楽しみましょう。

色カード集めゲーム

子ども同士がほしい色を聞き合い，必要な色のカードを集めるゲームです。

What color do you want?

I want blue, please.

Bye.

Bye.

ボーナスチップ ②

GREAT　EXCELLENT　WELL DONE

[**Drinks** ／飲み物] 　　　　　　＊好きなものをたずねる言い方＊

20. ばくだんゲームをしよう

① 26

> What drink do you like?　好きな飲み物は何？
> I like orange juice.　オレンジジュースだよ。

▶ねらい
いろいろな飲み物の言い方に慣れる。

▶準備
- 2つのさいころ（それぞれの面に，p.56〜57の飲み物カードを貼ったもの）
- 音楽CD（バックミュージック用）

▶進め方
① 子どもたちは円になって座り，軽快な音楽に合わせながら，2個のさいころをまわしていきます。
② 先生が音楽を止めて "What drink do you like?" と聞きます。そのときにさいころを持っていた2人は，さいころの面から好きな飲み物を選び，"I like orange juice." などのように言います。
③ 再び音楽をかけながらさいころをまわし，同じようにゲームを繰り返していきます。同じ子にさいころがまわったら，左どなりの子が言うなどルールを決めて，たくさんの子どもが言えるようにするとよいです。

発 展

① ゲームに慣れてきたら，音楽が止まったときに先生は何も言わずに子どもたちだけで言い合うこともできます。さいころを持っていない子ども全員で。
　（例）What drink do you like?

② さいころを持っている子が2つ答えを言うルールにしてもよいでしょう。
　（例）I like orange juice and milk.

ばくだんゲーム

先生が質問する英語表現を聞き取り、その答えとなる
単語を言うゲームです。

What drink do you like?

I like orange juice.

I like tea.

飲み物カード ① 27 ②

coffee	tea
milk	cola
cocoa	green tea
kiwi juice	soda

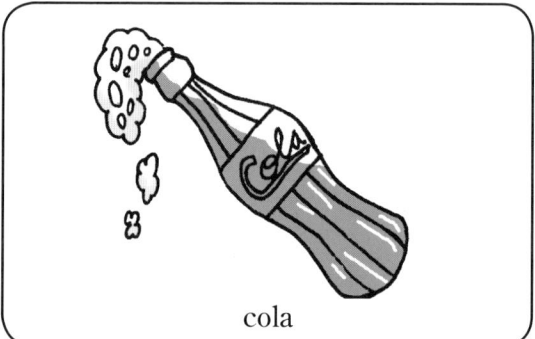

orange juice	apple juice
tomato juice	banana juice
water	grape juice
pineapple juice	oolong tea

[Drinks ／飲み物]　　＊好きなものをたずねる言い方＊

21. さいころゲームをしよう

① 26

What drink do you like?　好きな飲み物は何？
I like orange juice.　オレンジジュースだよ。

▶ねらい
いろいろな飲み物の言い方に慣れる。

▶準備
- さいころ ② （それぞれの面に，p.56 ～ 57 の飲み物カードを貼ったもの）
- ルービックキューブ1個（青色の面に，茶色の紙を貼ったもの）

▶進め方
① 5, 6人のグループを作ります。グループごとにまとまって全体で円になり，床に座ります。
② グループの代表がジャンケンして1番勝ったグループがさいころとルービックキューブを同時に投げます。投げたグループの子どもたちが "What drink do you like?" と聞きます。
③ ほかのグループの子どもたちは，さいころ上に出た飲み物を見て，"I like coffee." などと答えます。ルービックキューブの色から連想する飲み物も答えます。例えば，白ならば "I like milk." などと答えることができます。さいころの答えを1番早く答えたグループに2ポイント，ルービックキューブの色から連想した飲み物を答えたグループに5ポイントというように点数を決めて，グループ対抗戦をします。
④ Aチーム，Bチームというようにさいころとルービックキューブを渡し，順番に投げてゲームを続けます。最後のチームまで投げるのを2回りか3回りしたらゲームを終わらせ，得点の多いグループの勝ちです。

発 展

途中から，さいころを2つに増やしてルービックキューブを同時に投げるとバリエーションが増えます。

（例）さいころはバナナジュースとソーダ，ルービックキューブは茶色が出たとき
What drink do you like?
I like banana juice, soda and cocoa.

さいころゲーム

さいころの絵やルービックキューブの色を見て,
あてはまる飲み物の単語を答えるゲームです。

I like coffee.

What drink do you like?

I like orange juice.

[Seasons / 季節]
22. 季節の名前を英語で言ってみよう

＊季節を表す言い方＊

① 28

> What season is this?　この季節は何だろう？
> It's summer.　夏だよ。

▶ねらい
日常生活を通して季節を知り，その言い方に慣れる。

▶準備
- 季節チェックシート（p.61）
- 季節のシール

＜季節のシール＞②

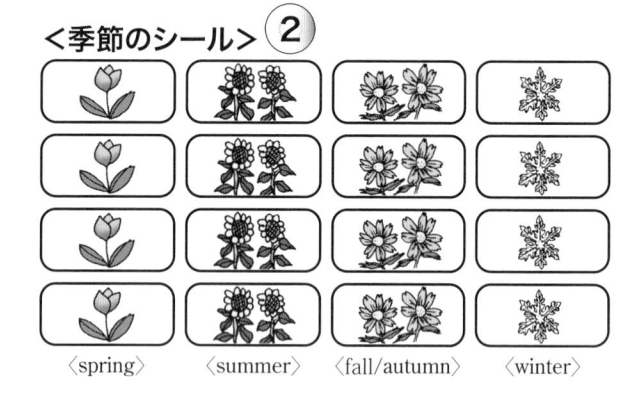

〈spring〉　〈summer〉　〈fall/autumn〉　〈winter〉

▶進め方
① 子どもたちは季節チェックシートの絵を見て，関係のある季節のシールを貼っていきます。複数の季節に関係がある場合は，複数のシールを貼ってよいことにします。
② 子どもたちがシールを貼り終わったら，先生が季節チェックシートの絵を1つ指し，どの季節のものか子どもたちに質問します。"What season is this?"の質問に，大きな声で"It's summer."などと答えます。
③ チェックシートのほかに，四季を表すものには何があるか子どもたちと話し合ったり，それを英語で言ったりしてみましょう。

発 展

spring, summer, fall/autumn, winter を表現するジェスチャーを子どもたちと一緒に考えます。spring なら花が咲くようす，summer なら汗をふいたりするようすを表現するなど。行事や食べ物などの絵カードを先生が見せて "What season is this?" とたずねたら，子どもたちはジェスチャーを入れながらすばやく大きな声で "It's spring." と答えるというように体を動かすゲームにするとより盛り上がります。

季節チェックシート ②

なまえ

[**Seasons**／季節]　　　　　　　　＊季節を表す言い方＊

23. どの季節に何するの？

① 29

> What season is this?　これはどの季節？
> It's summer.　夏だよ。
> I eat watermelons in summer.　スイカは夏に食べるよ。

▶ねらい
日常生活を通して季節を知り，その言い方に慣れる。

▶準備
- 季節を考えるカード（p.63）
- 会話チェックシート（p.63）

▶進め方
① 季節を考えるカードを黒板に貼り，カードの種類がわかるようにします。
② 子どもたちにそれぞれ8枚の季節を考えるカードを配ります。自由に歩き，出会った友だちと"Hello! Please take one card."と言ってあいさつをしてから，お互いに自分が引いたカードについて自分がどの季節にそれをするのか(食べたりスポーツしたりなど)を相手に話します。
③ 友だちの話を聞いたら会話チェックシートに友だちの名前を書き，引いたカードはそのまま交換して，別の友だちとも同じように会話をしていきます。
④ 決められた時間（たとえば，音楽がかかっている間など）にたくさんの友だちとカードを交換し，シートに友だちの名前をたくさん書くことができた子どもが勝ちになります。

発 展

① 複数の季節にまたがるときは，"I swim in spring and summer."などという言い方も使ってみるようにします。
② 自分が話したあとに"How about you?"と相手に聞き返し，その答えもカードにチェックしてよいことにして，会話が広がるようにすることもできます。

季節を考えるカード ① 30 ②

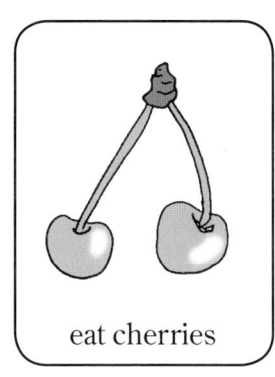

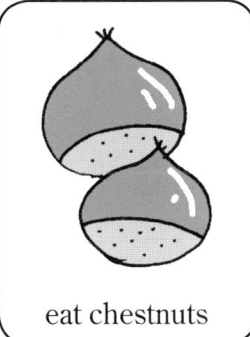

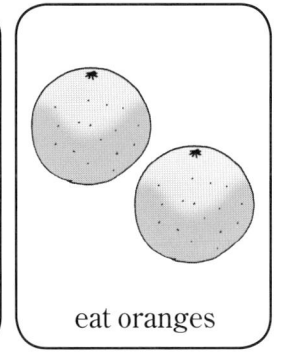

eat cherries	eat watermelons	eat chestnuts	eat oranges
play dodge ball	swim	play soccer	ski

会話チェックシート

なまえ ....

1	2	3	4
5	6	7	8

[Shapes ／形]　　　　　＊好きなものをたずねる言い方＊

24. 形さがしゲームで楽しもう

① 31

> What shape do you like?　好きな形は，どれ？
> I like squares.　四角だよ。

▶ねらい
いろいろな形の言い方に慣れる。

▶準備
- 形シート（triangle, diamond, circle, square を子どもが数人乗れるくらいの大きさに新聞紙を切って，形を作る。1つの形を複数枚作る。）

▶進め方
① 新聞紙で作った形シートを床に並べ，子どもたちは形シートに乗らないようにあいたスペースを歩き回ります。
② しばらくして先生が"Stop!"と声をかけ合図を出します。合図を聞いた子どもたち全員が"What shape do you like?"と声をそろえて叫びます。その声に答える言い方で，先生は"I like squares."と大きな声で子どもたちに呼びかけます。
③ その呼びかけを聞いて子どもたちは，square（四角）の形シートをさがし，その上に乗ります。squareの形シートに乗った子はセーフで，入れなかった子，はみ出してしまった子はアウトになります。セーフの子はゲームを続けることができます。
④ 最後まで残った子がチャンピオンになります。ゲームに慣れてきたら，先生の役を子どもがします。形シートの数を少しずつ減らしていくとゲームが白熱してきます。「シートを破った子や友だちを押した子はアウト」などのルールを決めておくと安全にゲームが楽しめます。

発 展

① triangle, diamond, circle, square 以外の形，例えば star（星形），heart（ハート形），rectangle（長方形），oval（だ円形），crescent（三日月形），pentagon（五角形），hexagon（六角形）などを使ってゲームをします。

rectangle　oval　pentagon　hexagon　heart　star　crescent

② あいたスペースを歩き回るとき，子どもたちに走るまねをしながら"Running, running…"と言わせて歩かせたり，泳ぐまねをしながら"Swimming, swimming…"と言わせて歩かせたりする工夫もできます。

形さがしゲーム

先生が言う形の英語表現を聞き取り,
形シートに乗るゲームです。

I like squares.

What shape do you like?

新聞紙2枚で作る形シート ① 32

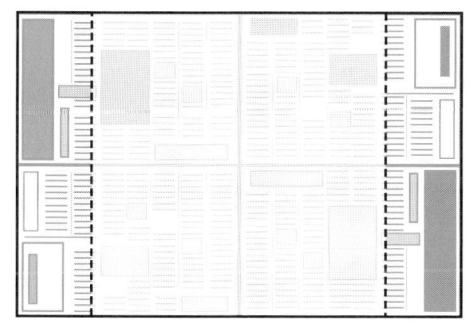

square

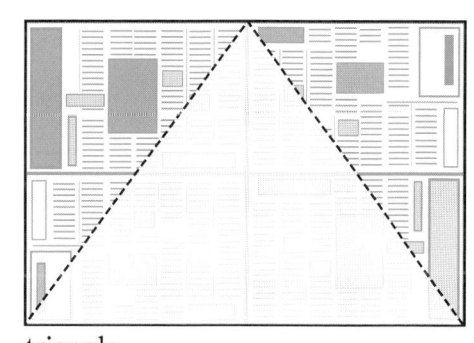

triangle

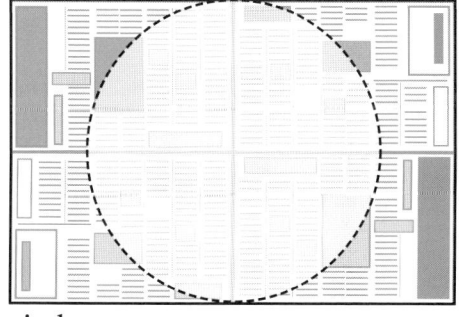

circle

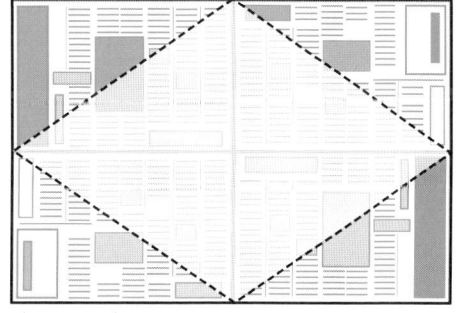

diamond

[Time／時刻・時間]　　　＊時刻を伝える言い方＊

25.「何時かな？」ゲームで遊ぼう

① 33 チャンツ

What time is it (now)?　（今,）何時ですか？
It's five o'clock.　5時です。

▶ねらい
時刻の聞き方や答え方に慣れる。

▶準備
- 時計シート（p.67）
- さいころ2個（2人に2個）

▶進め方
① 子どもたちは2人1組になって，2個のさいころを振ります。
② さいころを振った子どもは，もう1人の子どもに "What time is it?" とたずねます。もう1人の子どもは2個のさいころの目を足した数を時刻に見立てて，（目数の合計が6だったら）"It's six o'clock." と答えて，自分の時計シートにその時刻の針をかき込みます。
③ 交代して，さいころを振り，時刻をたずね，答えた子どもが自分のシートに時計の針をかき込んでいきます。
④ とけいシートの時計にすべて針をかくことができたら終わりです。

発展

ゲス・ゲームに挑戦しよう！

① 町や家の中のあちらこちらに時計がある絵を2人で1枚ずつ持ちます。1人の絵の時計にはすべて時刻を示す針がかいてあり，もう1人の絵にかいてある時計は文字盤だけになっています。
② 2人はお互いの絵が見えないように向かい合います。文字盤だけの絵を持っている子どもが，一つ一つの時計について(番号が振ってあるとわかりやすい)"What time is it?" とたずねていき，もう1人の子どもが答えた時刻を自分の絵の時計にかき込んでいき，すべてかくことができたら2枚の絵を見せ合って答え合わせをします。

時計シート ②

なまえ ....

[Time／時刻・時間]　　　＊時刻を伝える言い方＊

26.「出発は何時？」ゲームをしよう

① 34

What time does it leave?　何時に出発ですか？
（It leaves）At eight o'clock.　8時です。

▶ねらい
時刻の聞き方や答え方に慣れる。

▶準備
- 時計カード 12 枚（p.69）
- 「出発は何時？」ゲームシート（p.69）

▶進め方
① 子どもたちはそれぞれ時刻を示す 12 枚の時計カードと「出発は何時？」ゲームシートを持ちます。
② 相手を見つけて，"Hello! Please take one card."と言って自分の時計カードを相手に引いてもらいます。相手は，引いたカードを自分の方に向けないで "What time does it leave?" とたずねます。
③ 引いたカードの時刻を見て，"(It leaves)At 〜 o'clock."と答えます。相手はそれを聞いて，自分が持っている「出発は何時？」ゲームシートの出発時刻を確認し，あてはまる乗り物のところをマーク（○の中をぬりつぶす）します。
④ 交代して，②〜③を繰り返します。引いた時計カードは交換せずに返します。
⑤ 時間を決めて，相手を変えて会話を繰り返します。乗り物をマークした数がポイントになり，その合計のいちばん多かった人が勝ちです。

発 展

"What time do you get up?" や "What time do you go to school?" など，日常生活を表す言葉と合わせて使うと，インタビューゲーム，そこから「わたしはだれでしょう」ゲームなどへ，広げていくこともできます。また，実態に応じて「分（ふん）」の表し方にもふれていくことができます。

時計カード ②

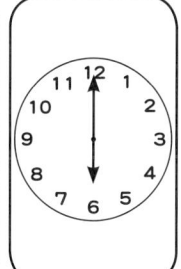

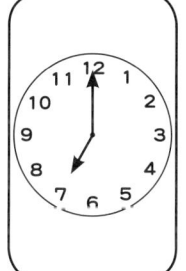

「出発は何時？」ゲームシート

乗り物	出発時刻	引いた時刻の乗り物をマークしよう	ポイント
(新幹線)	1:00 5:00 9:00	〇 〇 〇 〇 〇	
(飛行機)	2:00 6:00 10:00	〇 〇 〇 〇 〇	
(船)	3:00 7:00 11:00	〇 〇 〇 〇 〇	
(バス)	4:00 8:00 12:00	〇 〇 〇 〇 〇	

[**Stationery** ／文房具] 　　　＊持ち物を紹介する言い方＊

27. ショウ・アンド・テルをしよう

① 35

> This is my pencil case. これがわたしのふでばこだよ。
> I have a pencil. えんぴつが入っているよ。

▶ **ねらい**
文房具の言い方に慣れる。

▶ **準備**
- 文房具カード（p.71）

▶ **進め方**
① 文房具カードを使って文房具の言い方を練習します。
② 先生が自分のふでばこを見せながら，中身を紹介する「ショウ・アンド・テル」をしてみせます。

> Hi!
> This is my pencil case.
> I have a pen.
> I have an eraser.
> I have three pencils.
> I have a ruler.
> Thank you.

③ 「ショウ・アンド・テル」のしかたが理解できたら1人ずつみんなの前に出て，自分のふでばこを見せながら，中身を紹介します。発表を聞く姿勢や終わったときの拍手なども一緒に指導します。友だちの発表を聞くときには "Listen carefully."，発表が終わったときには "Nice." "Very good." などと声をかけましょう。

発 展

机の中のお道具箱や絵の具セット，習字用具などを使ってもできます。色や大小を言えるようにしてもよいでしょう。

（例）I have a pink pencil.
　　　I have a big eraser.

文房具カード

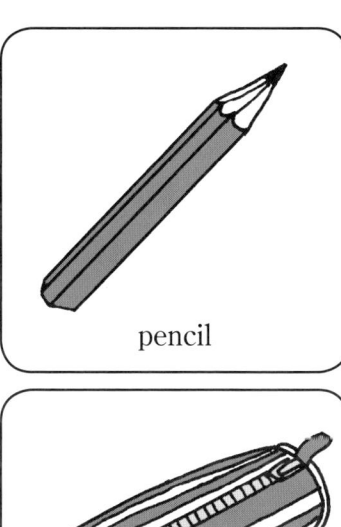

pencil	eraser	ruler
pencil case	scissors	glue
notebook	stapler	paper clip
pen	pencil sharpener	Scotch tape

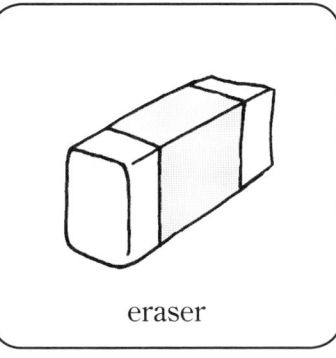

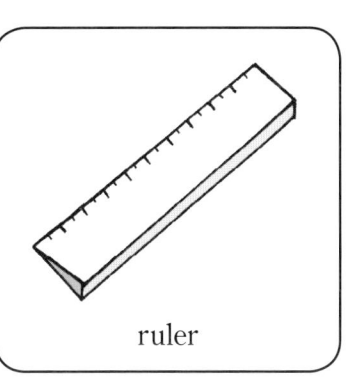

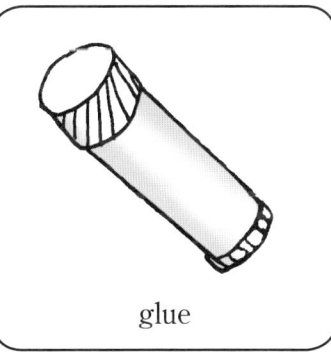

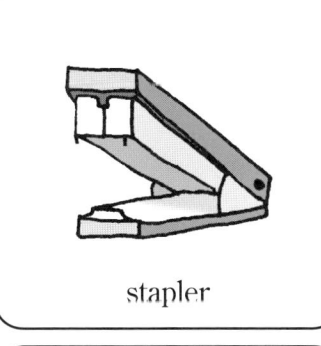

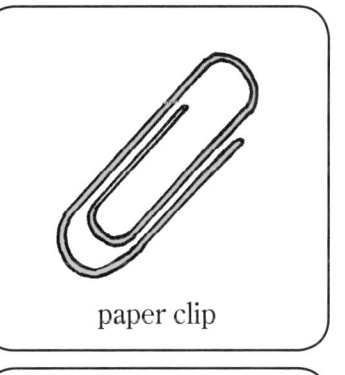

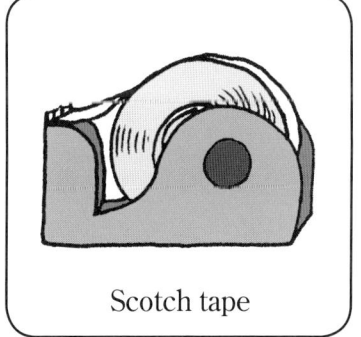

[Clothes ／衣服]　　　　　　　　　＊身につけるものの言い方＊

28. 着せかえゲームをしよう

① 37

> She (He) is wearing a T-shirt.　この子は，Tシャツを着ているよ。
>
> She (He) is wearing a T-shirt and a sweater.
> この子は，Tシャツとセーターを着ているよ。
>
> She (He) is wearing a T-shirt, a sweater and pants.
> この子は，Tシャツとセーター，そして，ズボンをはいているよ。

▶ねらい

身につけているものの言い方に慣れる。

▶準備

- グループごとに着せかえ人形を1セット（女の子か男の子のどちらかと身につけるもの）（p.73）

▶進め方

① 4〜5人でグループになります。
② グループに着せかえ人形が入っている袋を渡します。
③ ジャンケンをして，勝った子からはじめます。衣服を袋から出して表向きに並べて着せたいものを選び，モデルの上におきながら英語で表現します。女の子の場合，"She is wearing a T-shirt." 続いて，"She is wearing a T-shirt and a sweater." "She is wearing a T-shirt, a sweater and pants." と，次々につないでいきます。
④ 衣服や小物がなくなるまでつないでいき，めがねや帽子なども同じ言い方で表現します。

発 展

ゲス・ゲームをしよう

着ているものを英語で言って，クラスのだれのことであるかを推理するゲームをしましょう。

① 全員が一つの大きな輪になって座ります。
② ゲームの進め方
- ヒントを3つ言います。
  （例）She is wearing a T-shirt, a sweater and pants.
  　　　Who is she?　　It's me.
- だれのことを言っているのかがわかった時点で手をあげて答えます。
- 色や大小なども加えるとおもしろいでしょう。

着せかえ人形セット ① 38 ②

- shirt
- T-shirt
- sweater
- hat
- cap
- glasses
- socks
- shoes
- jacket
- coat
- skirt
- pants

[**Sports** ／スポーツ]　　　＊好きなものをたずねる言い方＊

29. ジャンボカルタをしよう

① 39

> What sport do you like?　好きなスポーツは，何？
> I like baseball.　野球だよ。

▶ねらい
いろいろなスポーツの言い方に慣れる。

▶準備
- スポーツカードを拡大したジャンボカルタ用カード（p.76～77）

▶進め方
① 4～5人のグループをつくります。
② グループごとに円になって座り，真ん中にジャンボカルタ用カードを並べます。
③ 先生がスポーツに関係するヒントをいくつか出し，最後に "What sport do you like?" と聞きます。

（例）
A glove. A ball. What sport do you like?

④ 何のスポーツかわかったら，そのカードを取ります。カードを取った子どもは "I like baseball." のように答え，全員で正解かどうか確かめます。

発 展

① 先生がヒントを出した後，子どもの名前を呼んで，カードを取ることができる子どもを限定するのもよいでしょう。

（例）A glove. A ball. What sport do you like, Yuki and Jun?

② 新聞に載っているカラー写真を使ってカードを作ることもできます。オリンピックや各種世界大会が行われているときは，要チェックです。

ジャンボカルタ
先生が言うヒントの英語表現を聞き取り,
スポーツのジャンボカルタを取り合うゲームです。

A glove. A ball.
What sport do you like?

I like baseball.

I like soccer.

75

スポーツカード ① 40 ②

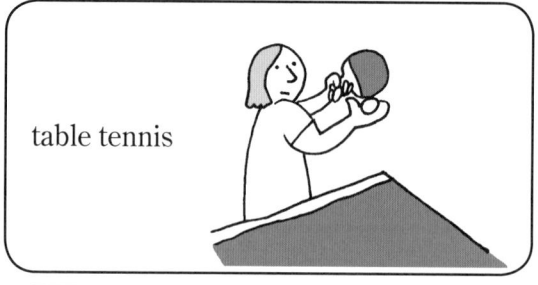

baseball	soccer
basketball	volleyball
table tennis	badminton
handball	tennis
dancing	swimming

76

dodge ball	jump rope
skating	bowling
judo	karate
marathon	golf
skiing	surfing

[Sports ／スポーツ]　　＊好きなスポーツを確認する言い方＊

30. スポーツビンゴゲームをしよう

① 41

> Do you like tennis?　テニスは好き？
> Yes, I do. ／ No, I don't.　好きだよ。／嫌いだよ。

▶ねらい

いろいろなスポーツの言い方に慣れる。

▶準備

- スポーツカード（p.76 ～ 77）を貼ったビンゴシート（p.79）

▶進め方

① ビンゴシートに好きなスポーツカードの絵を貼ります。
② はじめに先生と，代表の子どもがゲームのしかたをやって見せます。
③ 相手が"Yes."と答えてくれそうなスポーツを想像して，"Do you like tennis?"などと質問をします。相手が"Yes, I do."と答えてくれたら，シートの【　】にサインをしてもらいます。相手が"No, I don't."と答えたらサインはもらえません。
④ よこ，ななめのいずれか1列サインがそろったら，"Bingo!"と叫びます。
⑤ たくさんビンゴができた子がチャンピオンとなります。

> Do you like tennis?

> Yes, I do.

発 展

スポーツのかわりに果物や野菜，教科，動物など，ほかの単語にしても楽しめます。教科だと，science（理科），math（算数），social studies（社会），P.E.（体育），music（音楽），arts and crafts（図工），Japanese（国語），home economics（家庭科），English（英語）などを入れて会話をします。

ビンゴシートA（9スポーツ） ②

【　　　】	【　　　】	【　　　】
【　　　】	【　　　】	【　　　】
【　　　】	【　　　】	【　　　】

ビンゴシートB（16スポーツ）

【　　】	【　　】	【　　】	【　　】
【　　】	【　　】	【　　】	【　　】
【　　】	【　　】	【　　】	【　　】
【　　】	【　　】	【　　】	【　　】

[Directions ／案内]　　＊場所を教える言い方＊

31. 教室はどこにあるの？

① 42

Where is the music room? 音楽室はどこですか?
Go straight and turn right. まっすぐ行って，右にまがったところ。

▶ねらい
学校の教室の行き方をたずね，案内する場面遊びを楽しむ。

▶準備
- 学校案内マップ（p.81）
- 矢印方向カード（p.81）

▶進め方
① 学校案内マップと矢印方向カード（p.81）を拡大したものを黒板に掲示するなどして，実際にたずね方や案内のしかたを演じてみせます。

（例）
A: Excuse me.
B: Yes.
A: Where is the music room?
B: OK. Go straight and turn right.
A: Thank you very much.
B: You are welcome.
A: Good-bye.
B: Good-bye.

② 会話のしかたが理解できたら，代表の子ども数人に案内の場面を演じてもらいます。
③ 2人1組になって，学校案内マップを使って活動をします。
④ 活動のまとめとして，上手にやりとりができたペアにみんなの前で案内の場面を演じてもらいます。

発展

「学校案内」の地域版「町探検」をしてみましょう。教室名を商店や建物にするだけです。教室の床全体に道路をかき，建物の絵をおいていきます。実際に歩きながら活動できるので楽しさが増します。

（例）Park, School, Hospital, Supermarket, Post Office, Bank, Barber Shop, Convenience Store, Police Station, Fire Station

学校案内マップ ① 43 ②

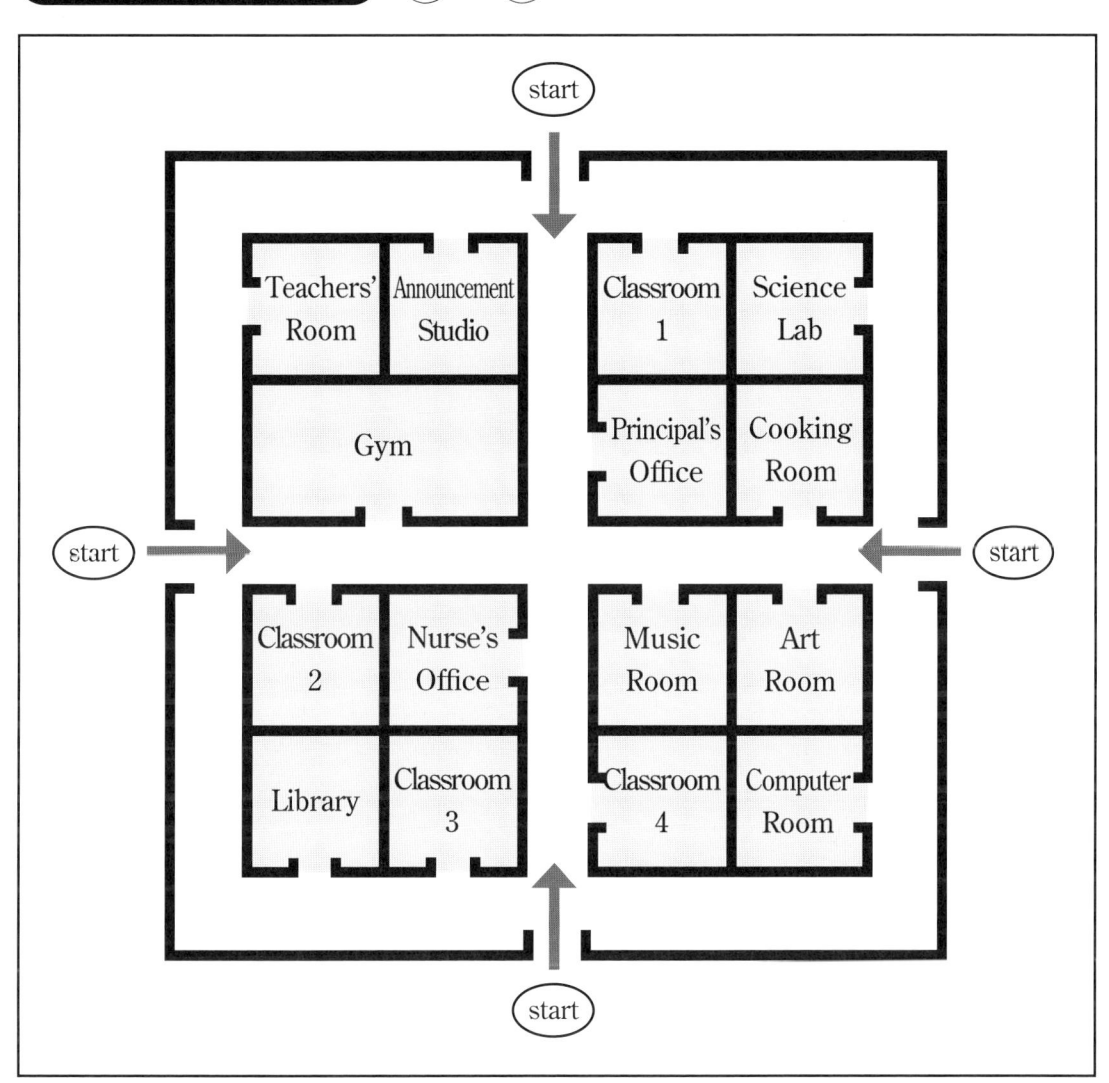

Teachers' Room	Announcement Studio	Classroom 1	Science Lab
Gym		Principal's Office	Cooking Room
Classroom 2	Nurse's Office	Music Room	Art Room
Library	Classroom 3	Classroom 4	Computer Room

start (top), start (left), start (right), start (bottom)

矢印方向カード

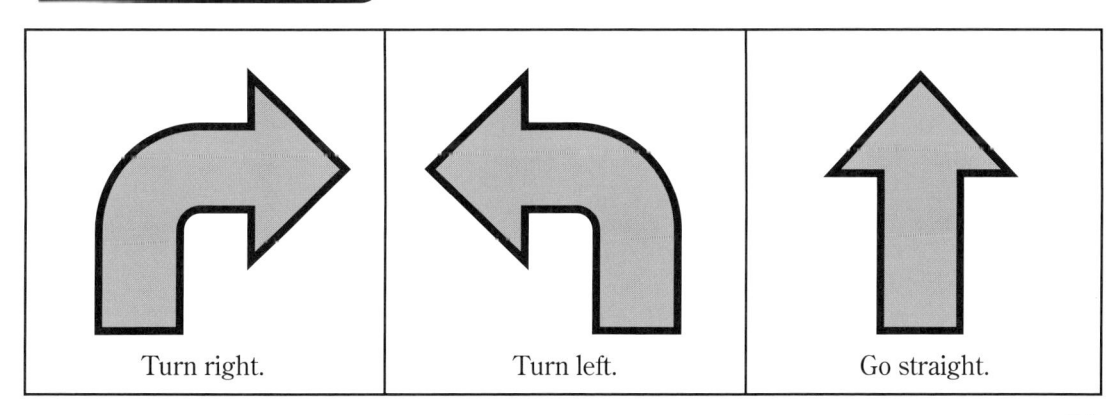

| Turn right. | Turn left. | Go straight. |

[Weather／天気]　　　　　　　　＊天気を表す言い方＊

32. 伝言ゲームをしよう

① 44

sunny, cloudy, rainy, snowy, windy, stormy
晴れ，曇り，雨，雪，風の強い，暴風雨

▶ねらい
天気を表す言葉を知る。

▶準備
- 天気カード（拡大したものをグループの数分，先生用の小さいカード一式）(p.83)

▶進め方
① 子どもたちを5人以上のグループに分けて，それぞれ列になって並ばせます。
② 列の後ろに天気カードを拡大したものを並べておきます。
③ 先生の合図で列の先頭の子どもたちが先生の近くに集まり，天気を表す言葉（sunny, cloudy, rainy, snowy, windy, stormy）を聞き取ります。先生は持っている天気カードから選んだ1枚のカードを見せながら小声で伝えます。
④ 先頭の子どもたちは，それぞれの列に戻って次の子どもに伝えます。
⑤ 列の最後まで伝わったら，最後の子どもは天気カードの場所まで行き，伝わってきた天気に合致するカードを選んで，先生のところまで行きます。
⑥ 全てのグループの最後の子どもたちが先生のところに集まった時点で，答え合わせをします。最後の子どもたちは大きな声で絵カードを見せながら天気の言葉を言います。
⑦ 早くて正確な絵カードを持ってきたグループが勝ちです。

発展
① ゲームに慣れてきたら，"How's the weather today?" と先生が最後の子どもたちに聞いてもいいでしょう。子どもたちは "It's sunny." などと答えます。
② 先生が先頭の子どもに天気を伝える際に，天気の絵カードを見せて言葉を言わないようにすることもできます。

天気カード

- sunny
- cloudy
- rainy 
- snowy 
- windy 
- stormy

[Weather／天気]　　　　　　　　　　　　　＊天気を表す言い方＊

33. 天気インタビューゲームをしよう

① 45

> How's the weather in Tokyo?　東京のお天気は？
> It's sunny.　晴れです。

▶ねらい
天気を表す言葉と天気を聞く表現に慣れる。

▶準備
- インタビューカード（p.85）

▶進め方
① インタビューカードを1人に5枚渡します。全部のカードの左側（Me）に自由に日本各地の天気の絵（sunny, cloudy, rainy, snowy, windy）をかきます。
② 教室内を自由に歩き回り，出会った友だちと "How's the weather in Tokyo?" "It's sunny." などと日本各地の天気を互いに質問をしながら，友だちの答えた天気の絵を右側（Friend）にかいていきます。
③ お互いにかき終えたら，カードを見合います。次のようなルールでカードの受け渡しをします。
　（1）自分の答えが全部当たった。友だちの答えはちがっていた。→友だちから，そのインタビューカードをもらいます。
　（2）自分の答えがちがっていた。友だちの答えが当たった。→友だちに，自分のインタビューカードをあげます。
　（3）友だちも自分も答えが当たった。→ジャンケンをして勝ったほうがカードをもらえます。
　（4）どちらの答えもちがっていた。→どちらも先生にカードを渡します。
④ ②〜③を繰り返します。
⑤ 1番多くカードを友だちからもらえた人が勝ちです。

> How's the weather in Tokyo?

> It's sunny.

発 展

天気を表す言葉（stormy, foggy）を増やしたり，右側にかく天気を複数かくようにしたりすることもできます。

インタビューカード ②

なまえ ....

	Me	Friend
Sapporo		
Sendai		
Tokyo		
Nagoya		
Osaka		
Fukuoka		
Naha		

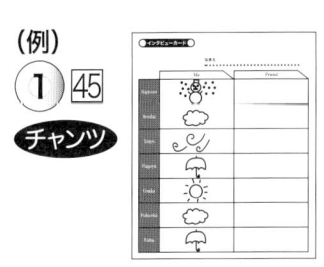

(例) ① 45 チャンツ

[Body Condition／体調]　　　＊体の調子を伝える言い方＊

34. 病院へ行って，体の調子を話してみよう

① 46

> What's the matter? どうしましたか？
> I have a headache. 頭が痛いのです。

▶ねらい
痛みを感じたりけがをしたりした体の部位を伝える言い方を知る。

▶準備
- 診察用カード（薬の袋に見立てたカード）（p.87）
- カードに貼る丸いシール（○印をつけるだけでもよい）

▶進め方
① 先生と数人の子どもたちの合わせて6人ぐらいが医者役になり，教室の中でそれぞれが診察をします。ほかの子どもたちはカードを持って患者役になり，6人の医者をすべてまわって診察を受けます。
② 診察を受けるときは，次のように会話をします。
　　Doctor　：Hello! What's your name?
　　Client　：My name is Emi.
　　Doctor　：What's the matter?
　　Client　：I have a headache.（その部位を指しながら言うようにします）
　　Doctor　：OK. Take this tablet.（と言ってカードにシールを貼ります）
　　　　　　　Take care.
　　Client　：Thank you. Bye.
③ 患者は別の医者のところへ行き，体の別の部位の痛みやけがを医者に伝えます。医者役の子どもたちも，途中で交代して患者になります。
④ カードにかいてある病気とけがに全部シールが貼られたら「元気になった」ということで，終わりです。

発 展

headache, stomachache 以外の痛みをあらわすとき "I have a pain in my 〜 ." ということがあります。back（背中）や shoulder（肩）などの部位を入れて会話してみましょう。

病気とけがのカード ① 47 ②

- have a fever
- have a cold 
- have a bloody nose
- have a stomachache 
- cut my finger 
- have a headache 
- have a toothache 
- have an earache 

診察用カード

MEDICINE

NAME

- have a fever
- have a cold
- have a bloody nose
- have a stomachache
- cut my finger
- have a headache
- have a toothache
- have an earache

Hospital

[Body Condition／体調]　　　＊体の調子を伝える言い方＊
35. 薬屋さんへ行って，手当てをしよう

① 48

> What's the matter?　どうしましたか？
>
> I have a fever.　I need an ice pack.
> 熱があります。氷のうが必要なのです。

▶ねらい
子どもたちの日常生活でかかわりがある病気やけがの言い方に慣れる。

▶準備
- 病気とけがのカード（p.87）
- 手当てのための用具カード（p.89）

▶進め方
① 子どもたちは薬屋さんとお客さんのグループに分かれて活動します。
② お客さんになった子どもは病気やけがの症状を表したカードの中から4枚ずつ持ち，その手当てに必要なものを考えて薬屋さんをまわってもらってくるようにします。
③ 薬屋さん役の子どもは手当てに必要なもののカードを何種類か持っていて，お客さんに頼まれたら渡すようにします。
④ 薬屋さんでの会話

　　Pharmacy　：Hello! May I help you?
　　Customer　：Yes, please.
　　Pharmacy　：What's the matter?
　　Customer　：I have a fever.（その状態をジェスチャーもして言うようにします）
　　　　　　　　　I need a thermometer（or an ice pack, medicine）.
　　Pharmacy　：OK. Here you are.（と言って，手当てに必要なカードを渡します）
　　　　　　　　　（店にない場合は）I'm sorry. We don't have one（any）.
　　Customer　：Thank you. Bye.

⑤ お客さんは，自分のカードに必要な手当てのカードがそろうまで薬屋をまわります。時間を決めて，薬屋さんとお客さんの役割を交代して活動します。

発 展
薬屋さんなので，"How much（is this）?" "(It's) 650 yen." などと，お金のやりとりも入れると本当の会話らしくなります。

手当てのための用具カード ① 49 ②

thermometer	adhesive plaster
mask	ice pack
tissue paper	medicine

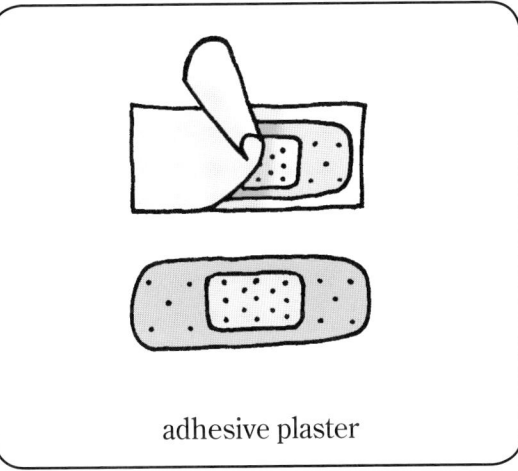

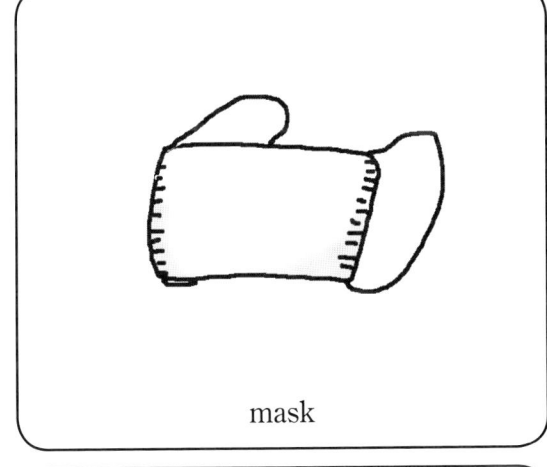

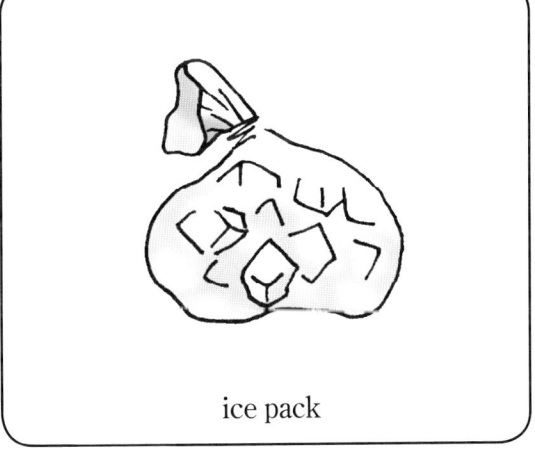

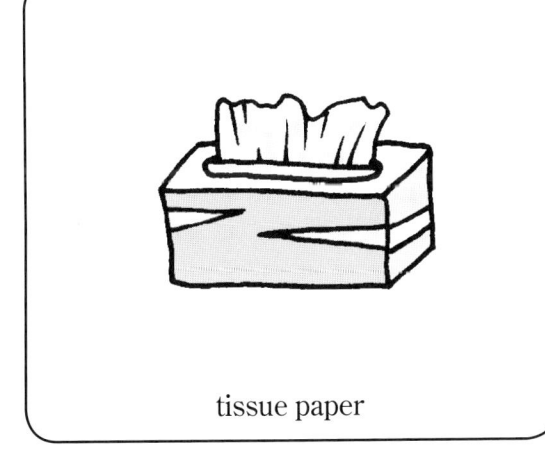

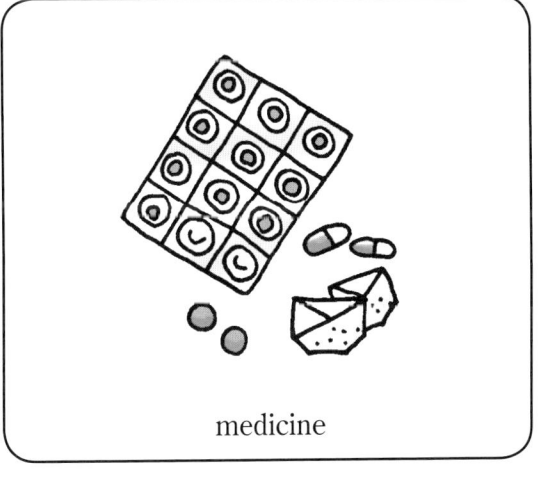

[**Shopping／買い物**]　　　　　＊買い物をするときの言い方＊

36. 買い物をしよう

① 50

> How much is this?　いくらですか？
> 16 dollars.　16ドルです。

▶ **ねらい**
ものを買うときの言い方に慣れる。

▶ **準備**
- スーパーマーケットで売っているもの絵カード（p.30〜31, p.42〜43, p.49, p.71）
- おもちゃのドル紙幣
- 買い物かごシート（p.91）
- のり

▶ **進め方**
① スーパーマーケットは4コーナー作ります。各コーナーでは，売り物の絵カードを表向きにして並べておきます。
② クラスを半分に分けて，店員と客を決めます。
③ 店員はそれぞれ品物に値段をつけて，お店の準備をします。
④ 客の手持ちのお金は1人20ドルとします。はじめは1か所に集中しないように，どのコーナーから買い物するかを決めます。1人ずつほしい品物を選び，各店ごとのキャッシャーで選んだ品物を見せます。
　（例）客　：How much is this?
　　　店員：16 dollars.
　　　客　：（お金を渡しながら）Here you are.
　　　店員：（お金をもらいながら）Thank you.
　　　店員：（おつりを渡しながら）This is your change.
　　　（手持ちのお金がなくなるまで買い物ができます。）
⑤ 買った絵カードを買い物かごシートに貼ります。
⑥ 先生は時間がきたら合図をし，買い物を終わらせます。友だちと自分の買ったもの（買い物かごシートに貼ってあるもの）を紹介し合います。
　（例）I have an ice cream, two tomatoes, three candies and a pen.

発　展

自分でほしい品物を選ぶかわりに，ほしい品物があるかどうかたずねる表現を会話の中に入れて買い物をします。
"May I have some chocolate?" といった表現で店員にたずねてみます。

スーパーマーケット買い物ごっこ

買い物をするときの代金の支払いのしかたを知り，
おもちゃのお金を使って会話を楽しみます。

「スーパーマーケット」の教室設定　👣は店員の位置

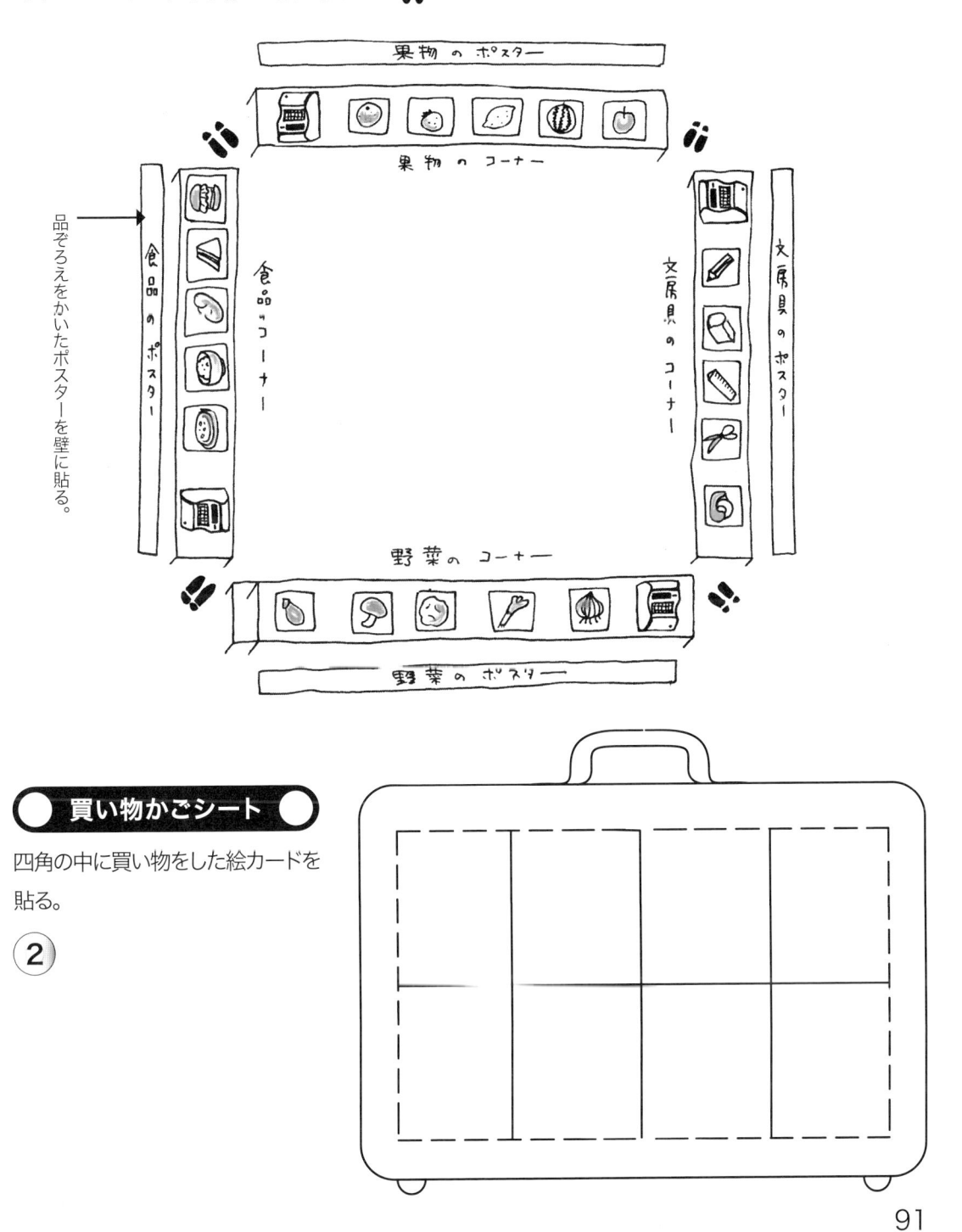

品ぞろえをかいたポスターを壁に貼る。

買い物かごシート

四角の中に買い物をした絵カードを貼る。

②

[Countries ／国]　　　　　　　＊住んでいる場所の言い方＊

37. 住んでいる国ゲームをしよう

① 51

> Where do you live? どこに住んでいるの？
> I live in Spain. スペインに住んでいるよ。

▶ねらい
いろいろな国の言い方に親しむ。

▶準備
- いろいろな国カード2セット（p.94〜95）

▶進め方
① いろいろな国カードの拡大したものを教室の壁に貼ります。黒板にも同じ絵カードを裏返しにして貼ります。
② 先生は「住んでみたい国に行ってみよう」と子どもたちに呼びかけます。
③ 子どもたちはそれぞれ住んでみたい国のカードの前に移動します。
④ 全員移動したら，先生は各場所を指し，"Where do you live?" と質問します。質問された場所の子どもたちは "I live in Australia." などと答えます。
⑤ どの場所の子も「住んでいる国」について言うことができたら，先生は黒板に貼ってある絵カードの中から1枚取り，"Kangaroo. Koala. What is this country?" のように呼びかけます。
⑥ ⑤がオーストラリアのカードのときには，その場所にいた子どもたちは1点ポイントがもらえます。
⑦ ②〜⑥を繰り返していき，ポイント得点数の多い子が勝ちになります。

発展

英語表現を次のように変えます。
Where are you from?
I'm from Japan.

住んでいる国ゲーム

先生が質問する英語表現を聞き取り,
自分の選んだ国を答えるゲームです。

I live in Australia.

I live in Japan.

I live in France.

Where do you live?

いろいろな国カード

Japan

Mt.Fuji

sushi

Australia

koala

kangaroo

Brazil

samba

soccer

Korea

red pepper

chima jeogori

Spain

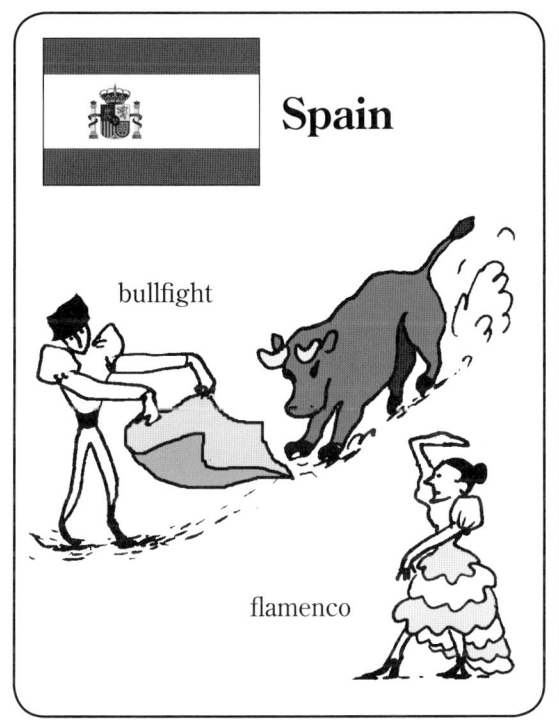

bullfight

flamenco

America

hamburger

the Statue of Liberty

Italy

pizza

spaghetti

France

French bread

the Eiffel Tower

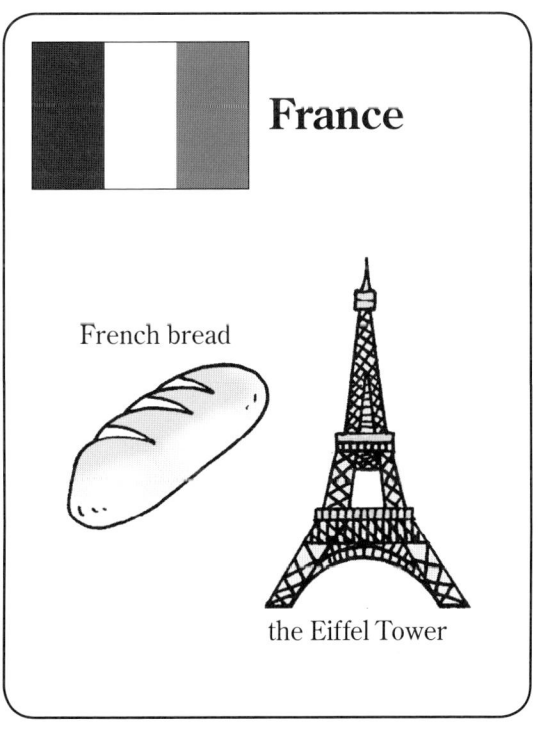

[**Family／家族**]　　　　　　　　　＊家族を紹介する言い方＊

38. 自分の家族を友だちに紹介しよう

① 53

> Who is this?　この人はだれ？
> This is my mother.　わたしのお母さんよ。

▶ **ねらい**
家族を紹介する表現を知る。

▶ **準備**
- 家系図のイラスト（p.97）
- 家族の写っている写真

▶ **進め方**

① 拡大した家系図のイラストを掲示し，全員で家族の言い方の練習をします。次に，先生と代表の子どもで紹介のしかたをやって見せます。先生は子どもの写真の母親らしき人を指して，"Who is this?" とたずねます。子どもは，"This is my mother." などと答えます。続けて別の人を指し，"Who is this?" とたずね，子どもは "This is my brother." などと答えます。

② 紹介のしかたが理解できたら，クラスの友だち同士で自分の家族の写真を見せ合いながら，お互いの家族のことを聞き合います。なお，子どもたちの家庭にはそれぞれ事情があると思われるのでプライバシーにはじゅうぶんに配慮する必要があります。

③ 時間の範囲内でできるだけ多くの友だちと会話をします。

④ まとめとして，代表数人の子どもたちにみんなの前でそれぞれが紹介し合った会話の再現をしてもらいます。

発　展

慣れてきたら自分の家族の名前も紹介するとよいでしょう。
（例）Who is this?
　　　This is my mother.　She is Sumire.

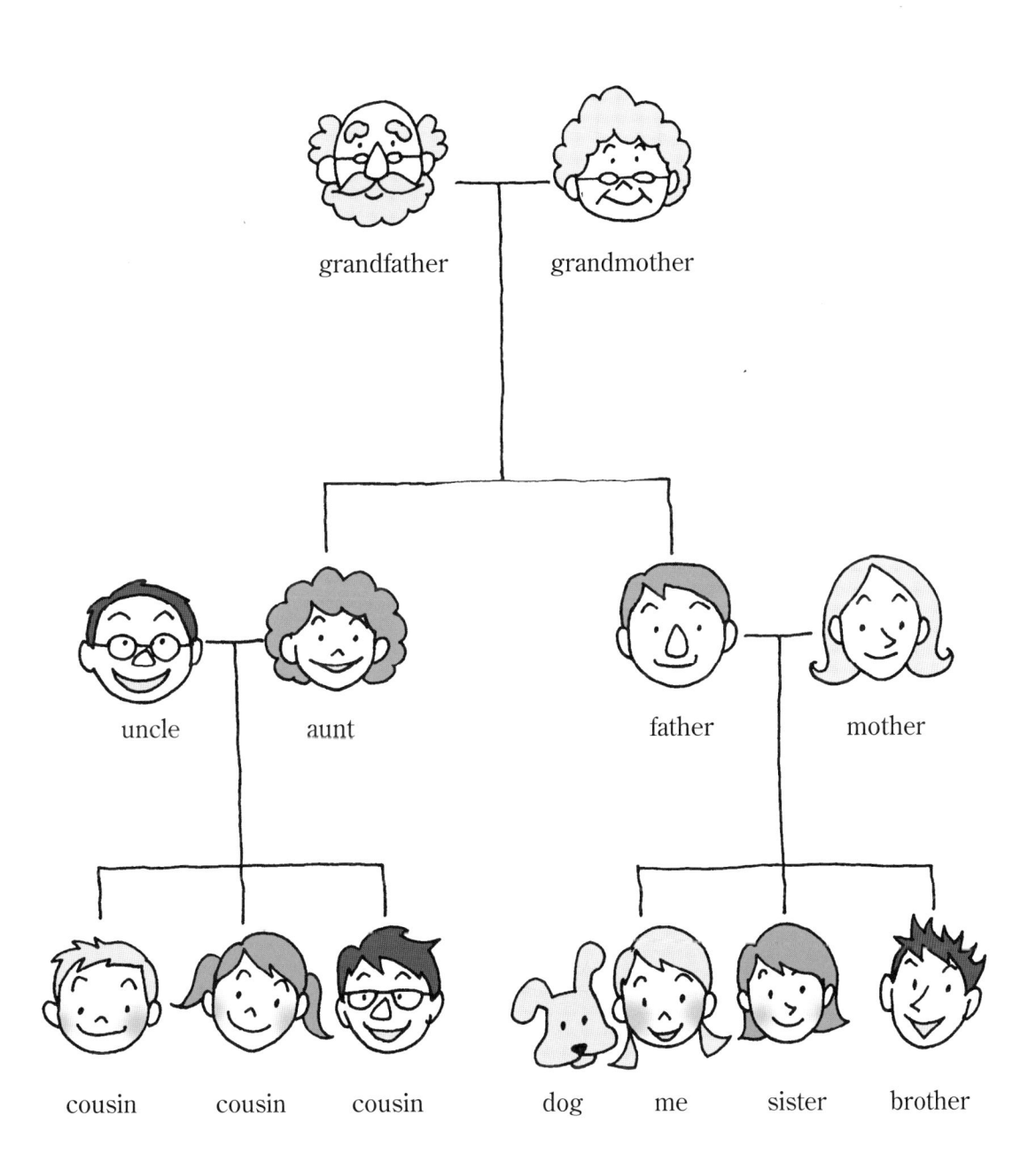

The Family Tree (家系図)

grandfather — grandmother

uncle — aunt   father — mother

cousin   cousin   cousin   dog   me   sister   brother

＊ CD2[CD-ROM] の使い方 ＊

CD2[CD-ROM] の起動のしかた

① 『CD2』の CD-ROM をパソコンの CD ドライブに入れます。

② 自動的にメインメニューが表示されます。
※メインメニューが表示されない場合は，CD-ROM を開き，「eigo.exe」をダブルクリックします。

③ メニューに従って，ご利用になりたいボタンをクリックしていくと，データが表示されます。

アクティビティに使う絵カード・シート

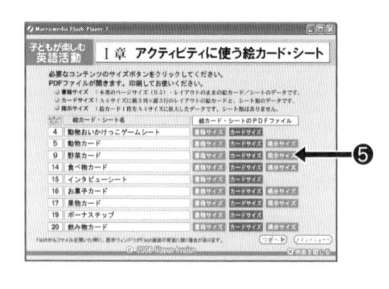

④ メインメニューの Ⓐ のボタンをクリックすると，サブメニューが表示されます。

⑤ サブメニューから，利用したい絵カード・シートのタイトルを選び，各サイズのボタンをクリックします。「Adobe Reader」が起動し，PDF データが表示されます。

年間指導計画と授業プラン

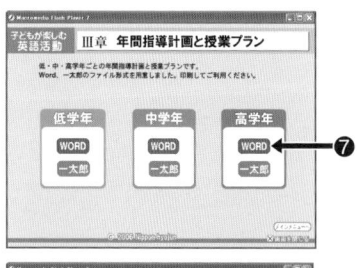

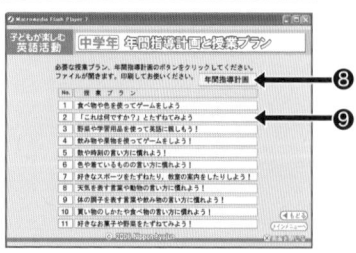

⑥ メインメニューの Ⓑ のボタンをクリックすると，サブメニューが表示されます。

⑦ サブメニューから，利用したい学年のデータの形式（Word または一太郎）ボタンをクリックすると，一覧画面が開きます。

⑧ 「年間指導計画」ボタンをクリックすると，指定した形式でデータが開きます。

⑨ 「授業プラン」名をクリックすると，指定した形式でデータが開きます。

II章

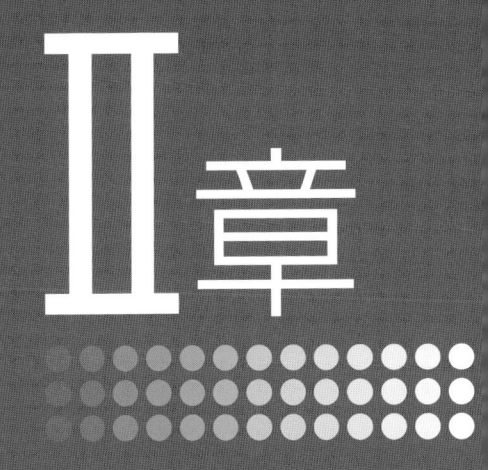

英語活動にかかせない歌

歌とチャンツ（Chants）は英語活動では大切なものです。チャンツとはメロディーのない歌のことで，Hip-Hopのような歌といえばわかりやすいでしょう。このチャンツにしても歌にしても，英語のもつ音とリズムを体感できる点では，最高の教材だといえます。特に低学年の子どもたちには，こうしたCDやテープの曲をすばやく聞き取り，すぐにリズムにのって，驚くほど上手に英語で歌うようになります。歌詞を見ながら歌うのではなく，耳から入ってくる英語を歌うことで，発音もきれいに聞こえます。「聞く」という教材では，歌・チャンツに勝るものはありません。また，"Head, Shoulders, Knees and Toes"（p.104）に代表されるように，体を動かす表現が入ると，さらに子どもたちは楽しんで歌います。

1. Hello

簡単なあいさつの言葉をメロディにのせて歌います。
すぐに覚えられるので，歌うことで最初のあいさつができてしまいます。
活動のはじまりの合図として，音楽を流してみんなで歌うといいですね。

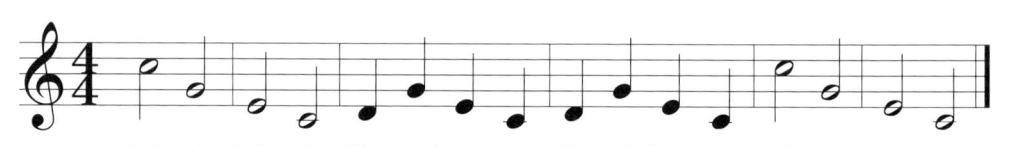

Hello, hello, hello, hello, We are glad to meet you, We are glad to greet you, Hello, hello, hello, hello.

♪ **Hello**

Hello, hello,
    hello, hello,
We are glad to meet you,
We are glad to greet you,
Hello, hello,
    hello, hello.

♪ こんにちは

こんにちは，こんにちは，
こんにちは，こんにちは，
あなたに会えて　うれしいな
あなたとあいさつできて　うれしいな
こんにちは，こんにちは，
こんにちは，こんにちは

歌い方を工夫してみよう！　　[クラス全体で歌うとき]

① クラスを列やグループごとなどで，3つに分けておきます。

② 最初の "Hello" は先生が，あとの3つの "hello" は3つのパートが1つずつ歌うようにします。

③ "We are …" のところは，子どもたちが自分の近くにいる子どもと握手をしながら歌います。

④ 2回目も同じように歌いますが，③の部分は1回目と別の友だちと握手するようにします。

歌い方を工夫してみよう！　　[自由に動きながら歌うとき]

①前奏で教室の中を自由に歩きます。

② Hello, 相手を見つけて，お互いに片手でハイタッチ。

③ hello, もう一方の手でハイタッチ。

④ hello, hello "hello" で両手を体の前でぐるぐる回し，"hello" で両手でハイタッチ。

⑤ We are glad to meet you, 右手で握手。

⑥ We are glad to greet you, （右手を握手したまま）左手で握手。

⑦ Hello , hello, hello.
　②〜④と同じ。

あいさつは言葉だけでなく，相手の目を見て笑顔でできるといいですね。外国の人とかかわるときにもとても大切なことです。ハイタッチや握手をするときに，そういうことにも心がけてできるようにするといいですよ。

2. Seven Steps

1から7までの数字のみが歌詞になっているので,
低学年の子どもたちにもたいへん歌いやすい歌です。
リズムに乗ってステップを踏んだり手をたたいたりしながら, 楽しく歌ってください。

♪ Seven Steps　　　　　　　　　♪セブンステップス

One, two, three, four, five, six, seven,	1, 2, 3, 4, 5, 6, 7
One, two, three, four, five, six, seven,	1, 2, 3, 4, 5, 6, 7
One, two, three, one, two, three,	1, 2, 3, 1, 2, 3
One, two, three, four, five, six, seven,	1, 2, 3, 4, 5, 6, 7
One, two, three, one, two, three,	1, 2, 3, 1, 2, 3
One, two, three, four, five, six, seven.	1, 2, 3, 4, 5, 6, 7

こんな振り付けができます！

① One, two, three, four, five, six, seven,
全員または10人ぐらいで輪になり、手をつないで右へ7歩進みます。

② One, two, three, four, five, six, seven,
左へ7歩戻ります。

③ One, two, three,
手を3回たたきます。

④ One, two, three,
となりの人と3回手をたたきます。

⑤ One, two, three, four, five, six, seven,
ももを7回たたきます。

⑥ ③〜⑤を繰り返す。

こんな手遊びもできます！

① 1〜7までの数字カードを作ります。
② 先生は2つの数字のカードを選んで、子どもたちに見せます（黒板に書いてもいいです）。
③ 子どもたちはその数字の部分を歌わずに、かわりに手をたたきます。

④ 2つの数字を変えながら、数回繰り返します。
⑤ 慣れてきたら数字を3つにする、手をたたく代わりに足をならすなどの変化をつけてもよいでしょう。

3. Head, Shoulders, Knees and Toes

体の部位をさわりながら歌う，子どもたちが大好きな歌です。
小学生向きの英語の歌の代表選手といえば，この歌でしょう。
体を動かしながら楽しく歌い，自然に体の部位の言い方を覚えることができます。

♪ Head, Shoulders, Knees and Toes

Head, shoulders, knees and toes,
　knees and toes,
Head, shoulders, knees and toes,
　knees and toes,
and eyes and ears and mouth and nose, oh,
Head, shoulders, knees and toes,
　knees and toes!

♪頭と肩とひざとつま先

頭，肩，ひざ，つま先
　ひざ，つま先
頭，肩，ひざ，つま先
　ひざ，つま先
目と耳と口と鼻
頭，肩，ひざ，つま先
　ひざ，つま先

こんな振り付けができます！

歌詞にしたがって，体の部位をさわりながら歌ってみましょう。顔の部分（特に目）は，軽く指さすようにします。

① Head,　　② shoulders, 　　③ knees and 　　④ toes,

⑤ ③〜④の繰り返し。　⑥ ①〜⑤の繰り返し。

⑦ and eyes and　　⑧ ears and 　　⑨ mouth and 　　⑩ nose

⑪ ①〜⑤の繰り返し。

こんなバリエーションがあります！

① 徐々に曲のスピードを速くすると，盛り上がります。

② 歌や動きに慣れてきたら，上の動きはつけながら "Head" の部分だけ歌わないなど，変化をつけてみるとよいでしょう。"shoulders", "knees", "toes" と歌わない部分を増やしていくのも楽しいです。

③ 日本語の歌詞で歌ってみるのも，意外にできなくておもしろいです。子どもたちはきっと「英語の歌詞のほうが歌いやすい」と言うでしょう！

4. Animal Talk

楽しく歌を歌っているうちに、動物の名前と鳴き声を自然に覚えられる歌です。
音楽に合わせて体を左右にゆらしながら拍手もまじえて歌うとよいです。

♪ Animal Talk　　　　　　　♪アニマル　トーク

1. A cat says, "Meow,"　　　　　　ねこが「ニャーオ」
   A dog says, "Bowwow,"　　　　　犬が「ワンワン」
   You are a cat, (clap, clap)　　　あなたはねこ（パンパン）
   You are a dog. (clap, clap, clap)　あなたは犬（パンパンパン）

2. A sheep says, "Baa, baa,"　　　　羊が「メーメー」
   A pig says, "Oink, oink,"　　　　豚が「ブーブー」
   You are a sheep, (clap, clap)　　あなたは羊（パンパン）
   You are a pig. (clap, clap, clap)　あなたは豚（パンパンパン）

こんなアクティビティができます！

動物カード（p.20～21）のねこ，犬，羊，豚を拡大します。

[全員で歌うとき]

先生が音楽に合わせて動物カードを出していきます。それを見ながら子どもたちは歌を歌います。

[好みの動物のところで歌うとき]

歌う前に先生がカードを見せながら "Do you like dogs?" などと歌に出てくる動物について聞き，子どもたちは自分の好みで "Yes, I do." "No, I don't." と答えていきます。そして，好きと答えた動物のところを子どもは歌うようにします。

[グループで歌うとき]

4つのグループになります。それぞれを，ねこ，犬，羊，豚にわりあてて，その動物の部分を歌います。どのチームが大きな声で動物の鳴き声をうまく言っているかを競いあって歌います。

「ペットの仲間さがしゲーム」（p.24～25）でも使えます。
友だち同士で，"Do you have a pet?" "Yes, I do. I have a cat. 'Meow'."
などと聞き合うときに，動物の鳴き声も入れると楽しくできますよ。

5. Bingo

アルファベットや英語にまだ慣れていなくても，勢いよく歌えます。
みんなで心を合わせて拍手をすることで，自然と声も大きくなります。
まちがえて言ってしまう子がいても，みんなで楽しく歌えます。

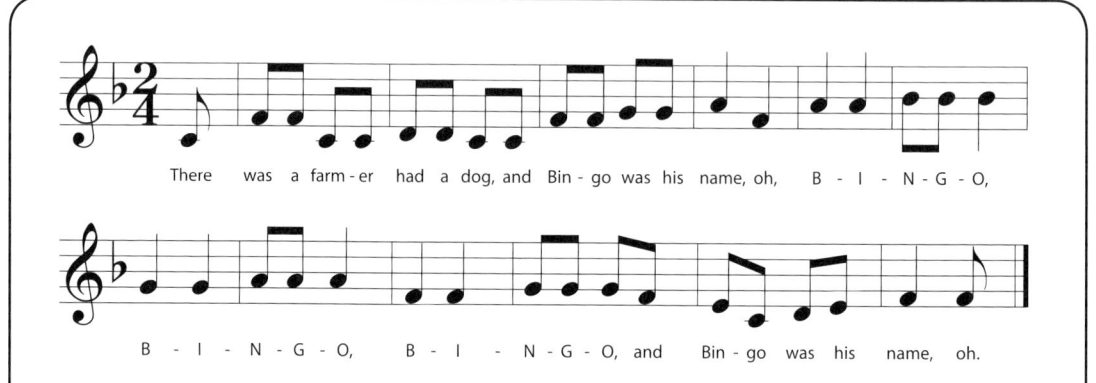

♪ Bingo

1. There was a farmer had a dog, and Bingo was his name, oh,
   B-I-N-G-O, B-I-N-G-O, B-I-N-G-O, and
   Bingo was his name, oh.
2. There was a farmer had a dog, and Bingo was his name, oh,
   (clap)-I-N-G-O, (clap)-I-N-G-O, (clap)-I-N-G-O, and
   Bingo was his name, oh.
3. There was a farmer had a dog, and Bingo was his name, oh,
   (clap)-(clap)-N-G-O, (clap)-(clap)-N-G-O, (clap)-(clap)-N-G-O, and
   Bingo was his name, oh.
4. There was a farmer had a dog, and Bingo was his name, oh,
   (clap)-(clap)-(clap)-G-O, (clap)-(clap)-(clap)-G-O, (clap)-(clap)-(clap)-G-O, and
   Bingo was his name, oh.
5. There was a farmer had a dog, and Bingo was his name, oh,
   (clap)-(clap)-(clap)-(clap)-O, (clap)-(clap)-(clap)-(clap)-O,
   (clap)-(clap)-(clap)-(clap)-O, and Bingo was his name, oh.
6. There was a farmer had a dog, and Bingo was his name, oh,
   (clap)-(clap)-(clap)-(clap)-(clap), (clap)-(clap)-(clap)-(clap)-(clap),
   (clap)-(clap)-(clap)-(clap)-(clap), and Bingo was his name, oh.
7. 1. を繰り返す。

♪ビンゴ

1. 農夫が犬を飼っていた　その名前は"ビンゴ"だよ
   ビー　アイ　エヌ　ジー　オー　ビー　アイ　エヌ　ジー　オー
   ビー　アイ　エヌ　ジー　オー　ビンゴがその犬の名前だよ
2. 農夫が犬を飼っていた　その名前は"ビンゴ"だよ
   (手拍子)　アイ　エヌ　ジー　オー　(手拍子)　アイ　エヌ　ジー　オー
   (手拍子)　アイ　エヌ　ジー　オー　ビンゴがその犬の名前だよ
3. 農夫が犬を飼っていた　その名前は"ビンゴ"だよ
   (手拍子)(手拍子)　エヌ　ジー　オー　(手拍子)(手拍子)　エヌ　ジー　オー
   (手拍子)(手拍子)　エヌ　ジー　オー　ビンゴがその犬の名前だよ
4. 農夫が犬を飼っていた　その名前は"ビンゴ"だよ
   (手拍子)(手拍子)(手拍子)　ジー　オー　(手拍子)(手拍子)(手拍子)　ジー　オー
   (手拍子)(手拍子)(手拍子)　ジー　オー　ビンゴがその犬の名前だよ
5. 農夫が犬を飼っていた　その名前は"ビンゴ"だよ
   (手拍子)(手拍子)(手拍子)(手拍子)　オー　(手拍子)(手拍子)(手拍子)(手拍子)　オー
   (手拍子)(手拍子)(手拍子)(手拍子)　オー　ビンゴがその犬の名前だよ
6. 農夫が犬を飼っていた　その名前は"ビンゴ"だよ
   (手拍子)(手拍子)(手拍子)(手拍子)(手拍子)　(手拍子)(手拍子)(手拍子)(手拍子)(手拍子)
   (手拍子)(手拍子)(手拍子)(手拍子)(手拍子)　ビンゴがその犬の名前だよ
7. 1.を繰り返す。

こんなアクティビティができます！

① 1番では，B－I－N－G－Oのアルファベットをはっきり発音して歌います。
② 2番では，Bでは声を出さずに手をたたき，I－N－G－Oを歌います。
③ 3番では，B－Iで手をたたき，N－G－Oを歌います。
④ 4番では，G－Oを歌います。
⑤ 5番では，Oだけを歌います。
⑥ 6番では，B－I－N－G－Oのアルファベットはすべて歌わずに，手を5回たたきます。
⑦ 7番では，1番と同じようにすべて歌います。

こんなバリエーションがあります！

① BINGOのかわりに，子どもたちの名前を入れることができます。(例) K－E－I－K－O
   5文字の名前でなくても気にせずに，字余りとして何とか歌のメロディーに合わせます。
② 机の列ごとに，Bの列，Iの列，Nの列，Gの列，Oの列と決めておきます。Bのところでは，Bの列の子が立ち，Iのところでは，Iの列の子が立ちというふうにして楽しむこともできます。特に，G－Oのところは速いので，盛り上がります。

6. If You're Happy

日本でもなじみのある「幸せなら手をたたこう」です。
ジェスチャーを入れながら，楽しく元気よく歌いたい曲です。
動作を表す言葉が出てくるので，
活動の内容や子どもの実態に合わせて言葉を増やすこともできます。

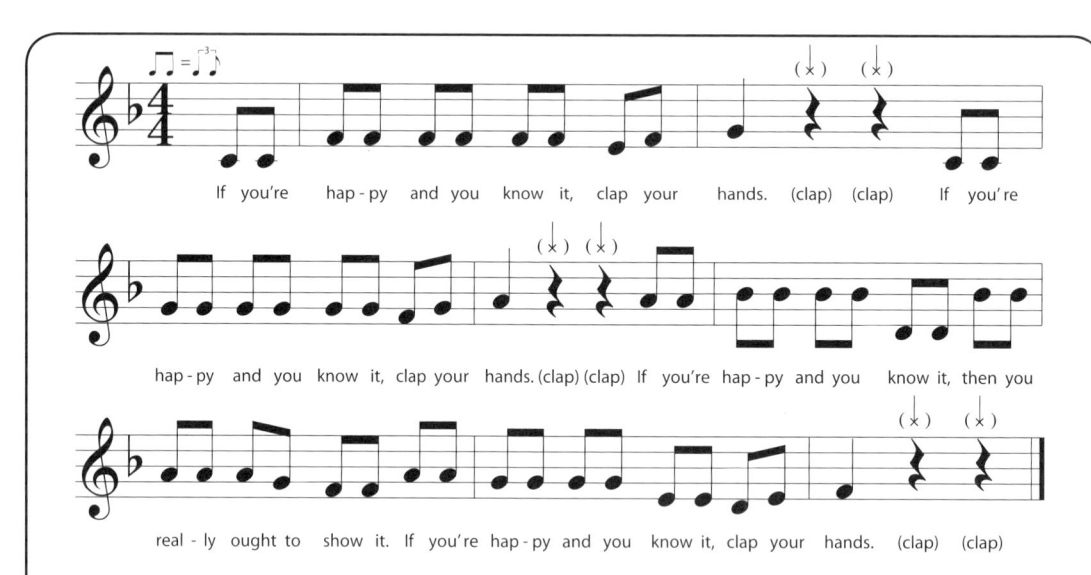

♪ If You're Happy

1. If you're happy and you know it,
   clap your hands. (clap, clap)
   If you're happy and you know it,
   clap your hands. (clap, clap)
   If you're happy and you know it,
   then you really ought to show it.
   If you're happy and you know it,
   clap your hands. (clap, clap)

2. If you're happy and you know it,
   stamp your feet.(stamp, stamp)
   If you're happy and you know it,
   stamp your feet.(stamp, stamp)
   If you're happy and you know it,
   then you really ought to show it.
   If you're happy and you know it,
   stamp your feet.(stamp, stamp)

♪君が幸せだったら

幸せだなと思ったら
手をたたこう (パンパン)
幸せだなと思ったら
手をたたこう (パンパン)
幸せだなと思うなら
ちゃんと示そうよ
幸せだなと思ったら
手をたたこう (パンパン)

幸せだなと思ったら
足を踏みならそう (トントン)
幸せだなと思ったら
足を踏みならそう (トントン)
幸せだなと思うなら
ちゃんと示そうよ
幸せだなと思ったら
足を踏みならそう (トントン)

歌い方を工夫してみよう！

① 一つ一つの言葉の意味にあまりとらわれず，全体の英語の音を楽しみながら，歌うようにします。

② "If you're happy and you know it," の後は動作を表す言葉が入るので，ほかにもいろいろな言葉を入れて歌ってみるとよいでしょう。

(例)

Turn around. ／ぐるっと回ろう。

Say "Hello!" ／「ハロー！」と言おう。

Touch your nose. ／鼻にさわろう。

Show me your smile. ／笑顔を見せて。

Slap your knees. ／ひざをたたこう。

③ 子どもたちにどんな動作を入れたいか聞いて，それを英語で何と言うのかを知ることも楽しい学習になります。サイモン・セズ・ゲームなどと組み合わせて活動に入れることもできます。

7. The Bus

① 61

バスの中の出来事をコミカルに表した遊び歌です。
お客さんになったり，赤ちゃんになったり…。
にぎやかなバスの中のようすをみんなで楽しみながら歌いましょう。

♪ The Bus

1. The people on the bus go up and down,
   Up and down, up and down,
   The people on the bus go up and down,
   All through the town.

2. The baby on the bus cries wah, wah, wah,
   Wah, wah, wah, wah, wah, wah,
   The baby on the bus cries wah, wah, wah,
   All through the town.

3. The mommy on the bus goes sh, sh, sh,
   Sh, sh, sh, sh, sh, sh,
   The mommy on the bus goes sh, sh, sh,
   All through the town.

♪バス

バスのお客さん　はずんで落ちて
はずんで落ちて　はずんで落ちて
バスのお客さん　はずんで落ちて
町の中をずっと

バスの赤ちゃん　ワーワー泣いて
ワーワーワーワーワーワー
バスの赤ちゃん　ワーワー泣いて
町の中をずっと

バスのお母さん　シーシー言って
シーシーシー　　シーシーシー
バスのお母さん　シーシー言って
町の中をずっと

こんなアクティビティができます！

① 全員椅子に座り，内側向きの大きな円になります。"up and down" のところで，はずんで立ち，椅子の前に座る動作を繰り返し，最後の "All through the town." で，両手を合わせ，体の前でくねくね道のように動かしながら隣の椅子に座ります。右回りか左回りかをあらかじめ決めておきます。最後の動作は3番まで同じです。

② "wah, wah, wah" のところでは，両手を目に当て，赤ちゃんが泣く動作を繰り返します。

③ "sh, sh, sh" のところでは，唇に人差し指を当て，お母さんが「シーッ！　静かに」のサインを出している動作を繰り返します。

④ 最後まで歌い終わったら，「バス・バスケット」を楽しみます。赤ちゃん，お母さんのほかに，運転手さん役などを考え，それぞれの動作を決めます。全員が1人ずつ赤ちゃんやお母さんになり，まず一人が円の真ん中に立って，赤ちゃんなどの中から1つを選び，その動作をしながら，"wah, wah, wah" のように歌います。自分に関連した動作や歌の1部を聞いた子は，ほかの椅子に動きます。

この歌は3番までですが，さらに，運転手，車輪，ワイパーなどがでてくる歌もあります。①〜④の活動に生かすとより，バラエティーに富んだ活動ができます。

8. Hot Cross Buns!

① 62

「Hot Cross Buns」は，イースターが近づくと食べる十字の切り込みが入ったパンのことです。
この歌はマザーグースの中に入っているリズミカルな歌です。
曲に合わせて手遊びをしながら，英語のリズムに慣れましょう。

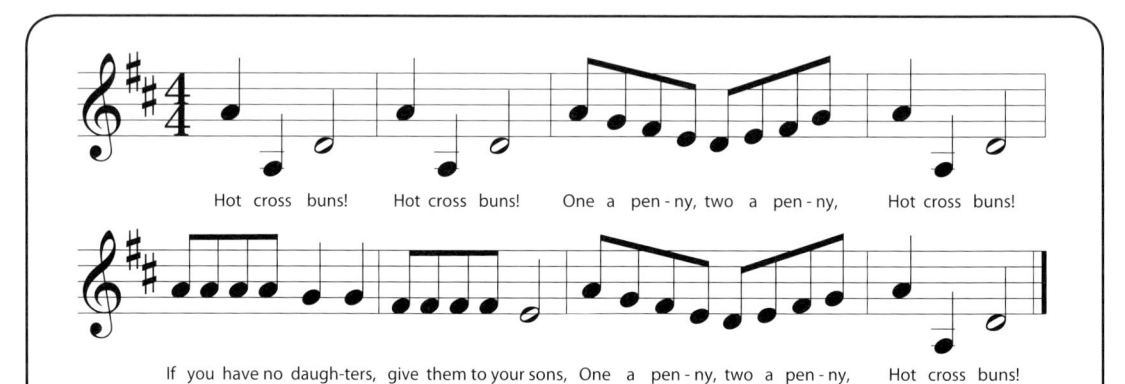

♪ Hot Cross Buns!

Hot cross buns!
Hot cross buns!
One a penny, two a penny,
Hot cross buns!
If you have no daughters,
give them to your sons,
One a penny, two a penny,
Hot cross buns!

♪できたて十字のパン！

できたて十字のパン！
できたて十字のパン！
1つ1ペニー，2つでも1ペニー
できたて十字のパン！
娘さんがいなければ
息子さんにあげなさい
1つ1ペニー，2つでも1ペニー
できたて十字のパン！

楽しく歌ってみよう！（1）

友だちと2人で向かい合います。

① **Hot cross buns!**
両手で拍手。両手で自分のももをたたく。
両手で相手とハイタッチ。

② **Hot cross buns!** ①と同じ。

③ **One a penny,**
自分の目の前でパンの形を作り，
右手の人差し指を立てます。

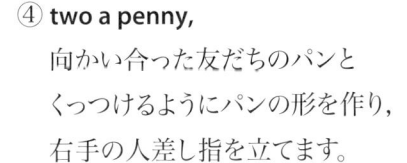

④ **two a penny,**
向かい合った友だちのパンと
くっつけるようにパンの形を作り，
右手の人差し指を立てます。

⑤ **Hot cross buns!** ①と同じ。

⑥ **If you have no daughters,**
相手を指さしてから，その指を立てて左右に振ります。

⑦ **give them to your sons,**
両手を伏せた状態から手前に向かってぐるっと回し，
手のひらを上に向けて，相手にものを差し出す
ジェスチャーをします。

⑧ **One a penny, two a penny, hot cross buns!**
③～⑤と同じ。

楽しく歌ってみよう！（2）

① 5～6人のグループで，みんなで1つの輪になります。

② 歌いながら，時計回りに1人ずつ，右手を輪の中央に重ねます。その後，左手も重ねます。

③ 歌いながら，曲に合わせて1番下にある手を抜いて，1番上にのせることを繰り返します。

④ 1番最後の"Hot cross buns!"で，1番上にのせる人は，思いっきりその下の手をたたきます。ほかの人はたたかれないように手を引っ込めます。たたかれると負けです。

9. We Wish You a Merry Christmas

① 63

クリスマスが近づいてくると必ずといっていいほど聞く歌です。
繰り返しの言葉が多く，短時間で覚えることができます。

We wish you a Merry Christmas, We wish you a Merry Christmas, We wish you a Merry Christmas, And a Happy New Year! Good tidings to you, wherever you are, Good tidings for Christmas, and a Happy New Year. We wish you a Merry Christmas, We wish you a Merry Christmas, We wish you a Merry Christmas, And a Happy New Year!

♪ We Wish You a Merry Christmas　　♪クリスマスおめでとう

We wish you a Merry Christmas, We wish you a Merry Christmas, We wish you a Merry Christmas, And a Happy New Year!	クリスマスおめでとう クリスマスおめでとう クリスマスおめでとう 新年おめでとう
Good tidings to you, wherever you are, Good tidings for Christmas, and a Happy New Year.	あなたがどこにいても あなたにいいことがありますように クリスマスと新年に いいことがありますように
We wish you a Merry Christmas, We wish you a Merry Christmas, We wish you a Merry Christmas, And a Happy New Year!	クリスマスおめでとう クリスマスおめでとう クリスマスおめでとう 新年おめでとう

この曲をBGMにして，

こんなアクティビテイができます！

準備するもの

★カード
(bell, turkey, angel, Christmas present, candy cane, star, candle, wreath)
ぶらさげられるように，ひもを通す。

★クリスマスツリーになる子どもの服
大きめの緑色のゴミ袋に頭と腕を通す穴をあける。カードをひっかけられるように胸にガムテープなどで作ったボタンをつける。

① クラスを4グループに分けます（1グループ　7～8人）。ツリーになる子どもを決めます。
② 2グループが対戦，2グループは応援になります。
③ 対戦する2グループが各1列にスタート地点に並びます。ツリーになる子どもはゴール地点にいます。
④ 順番に1人ずつ，先生の"GO!"の合図とともにカードおき場まで行きます。
⑤ カードおき場で，教師からクリスマスに関連する言葉（bell, turkey, angel, Christmas present, candy cane, star, candle, wreath）を1つ聞きます。
⑥ 聞いた言葉のカードを取り，ゴール地点まで行きます。
⑦ ゴール地点にいる自分のグループのツリーの子どもにカードを飾り付けます。
⑧ 飾り付けが終わったら，ゴール地点の所定位置で座って待ちます。
⑨ 全員が終わるまで④～⑧を繰り返します。
⑩ クリスマスツリーにカードをたくさん飾り付けたグループが勝ちます。勝敗が決まったら，応援組と交代します。

10. Old Macdonald Had a Farm

マクドナルドじいさんの農場にいる動物たちとその鳴き声をコミカルに歌った歌です。
明るい曲でそのぶんテンポが速いので、「難しそう！」と思ってしまうのですが、
歌ってみると子どもたちはすぐに慣れてしまいます。

Old Mac - don - ald had a farm, E - I - E - I - O! And

on this farm he had some chicks, E - I - E - I - O! With a

chick, chick, here, and a chick, chick, there, Here a chick, there a chick, ev - ery - where a chick, chick,

Old Mac - don - ald had a farm, E - I - E - I - O!

♪ Old Macdonald Had a Farm

1. Old Macdonald had a farm, E-I-E-I-O!
   And on this farm he had some chicks, E-I-E-I-O!
   With a chick, chick, here, and a chick, chick, there,
   Here a chick, there a chick, everywhere a chick, chick,
   Old Macdonald had a farm, E-I-E-I-O!

2. Old Macdonald had a farm, E-I-E-I-O!
   And on this farm he had some ducks, E-I-E-I-O!
   With a quack, quack, here, and a quack, quack, there,
   Here a quack, there a quack, everywhere a quack, quack,
   Old Macdonald had a farm, E-I-E-I-O!

3. Old Macdonald had a farm, E-I-E-I-O!
   And on this farm he had some turkeys, E-I-E-I-O!
   With a gobble, gobble, here, and a gobble, gobble, there,
   Here a gobble, there a gobble, everywhere a gobble, gobble,
   Old Macdonald had a farm, E-I-E-I-O!

♪ マクドナルドじいさんは農場をもっていた

マクドナルドじいさんは農場をもっていた　イー アイ イー アイ オー！
じいさんはヒヨコを飼っていた　イー アイ イー アイ オー！
こっちでピヨピヨ，あっちでピヨピヨ
こっちでピヨ，あっちでピヨ，あちこちでピヨピヨ
マクドナルドじいさんは農場をもっていた　イー アイ イー アイ オー！

マクドナルドじいさんは農場をもっていた　イー アイ イー アイ オー！
じいさんはアヒルを飼っていた　イー アイ イー アイ オー！
こっちでガーガー，あっちでガーガー
こっちでガー，あっちでガー，あちこちでガーガー
マクドナルドじいさんは農場をもっていた　イー アイ イー アイ オー！

マクドナルドじいさんは農場をもっていた　イー アイ イー アイ オー！
じいさんは七面鳥を飼っていた　イー アイ イー アイ オー！
こっちでゴロゴロ，あっちでゴロゴロ
こっちでゴロ，あっちでゴロ，あちこちでゴロゴロ
マクドナルドじいさんは農場をもっていた　イー アイ イー アイ オー！

歌い方を工夫してみよう！

ヒヨコ・アヒル・七面鳥のカードを作り，1人1枚ずつもって，"And on this farm he had some ○○○, E-I-E-I-O!"のところを聞き，○○○の動物のカードをすばやくあげて，続きの鳴き声を歌うなどして楽しみながら歌ってみましょう。出てくる順番を変えてみると，子どもたちは一生懸命に聞くようになります。

子どもたちが好きな動物を選んで，その鳴き声を入れて歌ってみることもできます。特徴的な動きを入れたり，お面を作ってかぶったりして歌ったらクラスの中で動物園ができそうですね。

11. Ten Little Monkeys

子どもたちにもおなじみのメロディで，この歌のほかにもいろいろな歌詞で歌われています。動作をつけて楽しく歌いながら，数の初歩を覚えます。

♪ **Ten Little Monkeys**　　　　　　　　♪ 10 ぴきの小さなさる

1. One little, two little, three little monkeys,　　　1 ぴき，2 ひき，3 びきの小さなさる
   Four little, five little, six little monkeys,　　　 4 ひき，5 ひき，6 ぴきの小さなさる
   Seven little, eight little, nine little monkeys,　 7 ひき，8 ぴき，9 ひきの小さなさる
   Ten little monkeys.　　　　　　　　　　　　　 10 ぴきの小さなさる

2. Ten little, nine little, eight little monkeys,　　 10 ぴき，9 ひき，8 ぴきの小さなさる
   Seven little, six little, five little monkeys,　　 7 ひき，6 ぴき，5 ひきの小さなさる
   Four little, three little, two little monkeys,　　4 ひき，3 びき，2 ひきの小さなさる
   One little monkey.　　　　　　　　　　　　　 1 ぴきの小さなさる

こんなアクティビティができます！

① 10人ずつのグループを作り、輪になって座ります。

② 歌を歌いながら、"One, two…" の歌詞のところで1人ずつ順番に立っていきます。

③ 全員立ったところで1番が終わり、2番では、順に座っていって、最後は1人だけが立っている状態で終わります。

こんなバリエーションがあります！

① 自作のさるのお面をかぶっておさるさんのような動作（ジャンプなど）をつけたり、1～10の番号カードを使って、みんなに見せながら歌ったりしてもよいでしょう。

② 歌に慣れてきたら、最後の "Ten little monkeys.", "One little monkey." の箇所を少し変えて、"Ten little monkeys are jumping.", "One little monkey is dancing." など、動作を表す言葉を加えるとさらに活動が広がります。また、さるだけでなく、いろいろな動物にかえて歌ったり、動作を工夫してみたりするとより盛り上がるでしょう。

③ 2番を "Eleven little, twelve little, thirteen little monkeys…" のように11から20の数にかえてみると、中学年以上でもじゅうぶん楽しめます。

このメロディにはいろいろな歌詞があるように、数に限らずいろいろな英語表現で活用できます。本に出てくる歌詞にとらわれず、どしどし、独創的なものを子どもたちといっしょに考えてみましょう。

12. The Finger Family

家族の呼び方を手遊びをしながら知ることができる歌です。
"Where are you?" や "Here I am." というやりとりも入っているので，
ほかの活動でも自然に使えるように取り入れることができるでしょう。

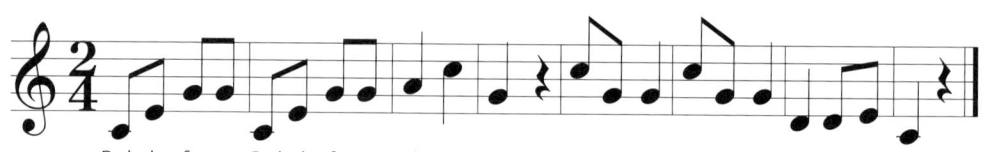

Dad-dy fin-ger, Dad-dy fin-ger, Where are you? Here I am, here I am, How do you do?

♪ **The Finger Family**

1. Daddy finger, Daddy finger,
   Where are you?
   Here I am, here I am,
   How do you do?

2. Mommy finger, Mommy finger,
   Where are you?
   Here I am, here I am,
   How do you do?

3. Brother finger, Brother finger,
   Where are you?
   Here I am, here I am,
   How do you do?

4. Sister finger, Sister finger,
   Where are you?
   Here I am, here I am,
   How do you do?

5. Baby finger, Baby finger,
   Where are you?
   Here I am, here I am,
   How do you do?

♪フィンガーファミリー

お父さん指　お父さん指
どこにいるの？
ここだよ　ここだよ
はじめまして

お母さん指　お母さん指
どこにいるの？
ここだよ　ここだよ
はじめまして

お兄さん指　お兄さん指
どこにいるの？
ここだよ　ここだよ
はじめまして

お姉さん指　お姉さん指
どこにいるの？
ここだよ　ここだよ
はじめまして

赤ちゃん指　赤ちゃん指
どこにいるの？
ここだよ　ここだよ
はじめまして

楽しく歌ってみよう！

① **Daddy finger, Daddy finger,**
手のひらを開いて2回交差させる。

② **Where are you?**
人をさがすジェスチャーで左右を見る。

③ **Here I am, here I am,**
両手を正面に向けて，1回目は右手，2回目は左手の親指を曲げてみせる。

④ **How do you do?**
左右の手のひらを向かい合わせて，あいさつをするように，親指を曲げる。

⑤ 2番から5番も①〜②と同じで③④は指をかえて歌う。

---

① 先生が歌う順番をかえて，「次は何の指かな？」と注意して聞き，最初のフレーズを聞いて子どもたちが "Here I am." と答えてもよいでしょう。

② 指につける人形を子どもたちが作って，それをつけて活動すると楽しいですね。家族になりきって自分が好きなものについて "I like 〜 ." と簡単な話をするなど，発展させることもできます。

絵本，CD，ビデオ紹介

　授業に関連した絵本や絵カード，DVD，ビデオなどを見せたり，聞かせたりすることは大事な授業の要素です。小学校での英語活動では，文字指導に深入りをしないことを前提とするならば，イメージとして英語をとらえるうえで，こうした教材を使うことは，たいへんに効果的です。特に外国で発刊されたものは，そのものが国際理解につながりすばらしい教材となります。

　また，絵本については，ネイティブスピーカーが授業に参加する際は，ぜひ取り入れたいものです。英語表現が多少難しいものでも，読み手のネイティブスピーカーの声の調子や顔の表情などから，子どもたちは内容を読み取ろうとします。相手の意図を推測（guess）しようとする態度や集中力を養うこともできます。最近では，ナレーション入りのCD付き絵本も出版されています。ネイティブスピーカーがいなくても，こうした絵本をうまく活用すれば，英語活動の授業の幅も広がります。

CD　　カセットテープ　　ビデオ　　絵本　　辞典

種　別／CD
題　名／NEW Let's Sing Together CD
監　修／Keiko Abe-Ford ©2000 アプリコット
発行所／アプリコット
定　価／2,000円＋税

　CD2枚に29曲の歌が収録されています。小学校の英語活動の授業に活用できる歌が紹介されています。どの曲もアップテンポで子どもたちにとっても歌いやすく編曲されています。歌詞がはっきりとしていて，発音指導の入門期にはもってこいの音楽CDです。それぞれの曲にカラオケ・バージョンがあり，歌の伴奏はもちろんのこと，アクティビティのBGMとしてもおおいに活用できます。歌詞と訳詞，その歌に関連したアクティビティを紹介した「NEW Let's Sing Together SONG BOOK」（1,500円＋税）やワークブック「NEW Let's Sing Together FUN BOOK」（600円＋税）も別売されています。

CD
種　別／CD
題　名／MPI Best Selection Songs and Chants
発行所／松香フォニックス研究所
定　価／2,100円（税込）

　あいさつや色，数字など，子どもたちが最初にふれる英語が歌やチャンツで収録されています。「チャンツって何？」と思っている方も，このCDを通してチャンツを体で感じ取ることができるでしょう。どの曲もテンポは多少ゆっくりとしており，歌詞をはっきりと聞き取ることができるので，じっくりと歌詞を覚えさせたいときに向いているようです。英語活動入門期にはおおいに活用できるCDです。

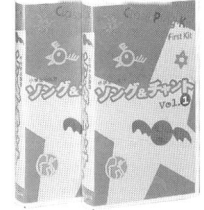

CD　ビデオ
種　別／ビデオ＆CD
題　名／Class・Play・Kit
　　　　ソング＆チャント（Vol. 1, 2）
発行所／小学館プロダクション
定　価／12,000円（税込）

　歌28曲，チャンツ9曲の全37曲が収録されています。普段，先生方が授業でよく使われる人気の曲に加え，ほかのCD教材ではあまり収録されていない新しい曲も入っています。画像は，手遊びや振り付け，アニメなどが主ですが，現地の子どもが歌うようすや街の交通機関や信号機のような異文化理解に役立つ実録も含まれています。歌詞にあわせた具体的な映像で，歌の雰囲気を伝えていますので，子どもたちがビデオをみながら自然に歌に引き込まれ，楽しく歌うことができます。歌詞が英語の字幕で同時に出てくるのもよいところです。歌に慣れてきたら，付属のCDのみで歌うのも効果的です。

CD　カセットテープ
種　別／CD, カセットテープ
題　名／Wee sing
発行所／Price Stern Sloan
定　価／$11.99US　$17.99CAN

　子どもたちのための童謡やチャンツなど50以上の曲が入ったCDです。クリスマスやハロウィーン，手遊びなどさまざまなテーマ別にCDがあります。一曲の長さはあまり長くはないので，覚えるのも簡単です。また，手遊びができる歌には振り付けも書いてあります。いろいろな歌があり，英語の音を楽しむことができます。歌うためだけでなく，ゲームなど活動のときのBGMとして使ってもいいCDです。

ビデオ，歌のCD，絵カード，授業のてびきがセットになった教材です。授業のてびきに，低学年は各学期3～4回分，中・高学年は年間各35時間分の授業例がくわしく掲載されています。ビデオには英語のスキットや世界の人々の映像が，CDには英語の歌が7～11曲収録されています。動物，食べ物など種類別の絵カードもついていて，英語活動の授業をするのに便利なセットになっています。

種　別／ビデオ＆CD
題　名／世界にとびだせ！　英語キッズ
発行所／日本標準
定　価／1・2年生用　15,750円（税込）
　　　　3・4年生用　31,500円（税込）
　　　　5・6年生用　31,500円（税込）

絵本にでてくる語彙は，動物，体の部位なので子どもたちも親しみがもてるでしょう。体を動かすようすが大きな絵で描かれていますので，絵本の本文に出てくる動詞も訳す必要はなく，子どもたちもすぐに理解できます。本文にI am ～ . / Can you do it? / I can do it! が繰り返しでてきますので，そうした英語表現に子どもたちもすぐに慣れるようです。絵本の読み聞かせをしながら，子どもたちがお話に合わせて体を動かすといっそう楽しくなります。

種　別／絵本
題　名／From Head to Toe
著　者／Eric Carle
発行所／PUFFIN
定　価／U.K. £5.99

「くまさん，くまさん，茶色のくまさん，何を見てるの」と問いかけがあり，くまは「赤い鳥を見てるの」と答えます。同じようにして，次々といろいろな色のいろいろな動物が登場してきます。見開きいっぱいの迫力ある色鮮やかな動物の絵が目を引き，絵だけでも色や動物の学習に活用できるほどです。リズミカルで繰り返しが多く，しかも，次のページに出てくる動物をリレー形式でさりげなく教えてくれるので，子どもたちは覚えようとしなくとも無理なく声に出すようになるでしょう。先生と子どもたちとの間で問答のやりとりも楽しめます。語彙も比較的簡単なので，発音に自信がない先生もばっちり読み聞かせができるはずです！

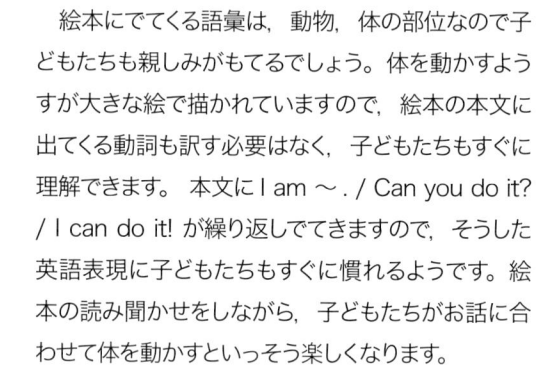

種　別／絵本
題　名／Brown Bear, Brown Bear,
　　　　　What Do You See?
著　者／Bill Martin, Jr. (Pictures by Eric Carle)
発行所／PUFFIN
定　価／U.K. £5.99

種　別／絵本
題　名／ THE VERY HUNGRY CATERPILLAR
著　者／ Eric Carle
発行所／ PUFFIN
定　価／ U.K. £5.99

絵本の定番中の定番「はらぺこあおむし」です。卵からかえったあおむしがいろいろな物を食べて成長していき，最後にきれいな蝶へと変身する姿は圧巻です。色鮮やかで，虫食い穴のある刺激いっぱいのページは，ただめくっていくだけでもわくわくします。文章には，数や曜日，たくさんの魅力的な食べ物が含まれているので，多くの題材で関連して扱うことができます。低学年では，卵から蝶までの変身のようすをまねすることも，動きのあるとても楽しい活動になるでしょう。子どもたちにおなじみのお話を英語で読み聞かせをすることは，すべての単語を理解していなくても英語がわかったように感じる経験をさせるためにたいへん有効です。

種　別／絵本
題　名／ My Very First Book of Colors
著　者／ Eric Carle
発行所／ Philomel Books
定　価／ $5.99US　$8.99CAN

　各ページが真ん中で2段に分かれていて，上半分に色，下半分にその色がついたものの絵が描いてあります。上半分に描かれた色の名前を発音しながら，下半分の絵からさがしてマッチさせて遊ぶことができます。blue, white, green, red など，子どもたちに身近な色が取り上げられています。カラービンゴなど色を使ったゲームをする前に，基本的な色の言い方を覚えるのに使うことができます。

種　別／絵本
題　名／ My Very First Book of Shapes
著　者／ Eric Carle
発行所／ Philomel Books
定　価／ $5.99US　$8.99CAN

　各ページが真ん中で2段に分かれていて，上半分に形，下半分にその形を使ったものの絵が描いてあります。上半分に描かれた形の名前を発音しながら，下半分の絵からさがしてマッチさせて遊ぶことができます。circle, square, triangle, dome, almond, diamond など，子どもたちに身近な形が取り上げられています。形さがしゲームなど形を使ったゲームをする前に，基本的な形の言い方を覚えるのに使うことができます。

種　別／絵本（ナレーションCD付き）
題　名／Vol.2 A Beautiful Butterfly
著　者／中本幹子　©2001 APRICOT
発行所／アプリコット
定　価／1,290円＋税

　小さないもむしがきれいな蝶になるのを夢見ながら，なりたい色の食べ物をさがしまわって見つけ，むしゃむしゃ食べるというパターンが繰り返されていきます。いもむしらしくのんびりとした雰囲気で読んであげましょう。何とも愛らしいいもむしにつられて，子どもたちも自然に口ずさんでいることでしょう。はたしてどんな蝶になったのかは，エンディングの蝶に色がついていないので，子どもたちの好みや想像におまかせです。お話に出てくる食べ物や色以外についても考えたり，中のシンプルな表現を使って色に関するゲームをしたりと，可能性が広がる絵本です。カラフルな絵もじゅうぶんに楽しめます。

種　別／絵本
題　名／EACH PEACH PEAR PLUM
著　者／Janet and Allan Ahlberg
発行所／PUFFIN
定　価／$4.99U.S.

　かわいい絵と韻をふんだ簡単な文が繰り返されて出てきます。登場人物は童謡や物語でよく知られたキャラクターで，ページをめくるたびにどこかに隠れているので，子どもたちは一生懸命になってさがします。「読んであげる」というよりも，子どもたちと一緒になってアイ・スパイゲームをしながら読みたい本です。

種　別／辞典
題　名／アルク2000語絵じてん
監　修／久埜百合
発行所／アルク
定　価／3,980円＋税

　子ども向けのかわいらしいイラストがぎっしりと詰まっていて，辞典というよりも絵本のイメージで，眺めているだけでも楽しい「英絵辞典」です。内容は，食べ物，動物，色，形などをはじめ，学校，家の中，町の様子，風景などを取り上げ，幅広いトピックスで構成されています。英単語のほかに基本的な英語表現や文型も紹介されていて，英語活動を実践するうえでたいへん参考になる本です。付属の2枚のCDには，会話，歌，お話やリスニングクイズなどが収録されており利用価値の高い内容となっています。

Ⅲ章

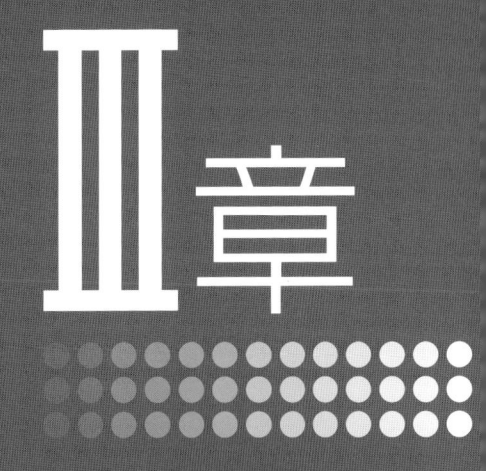

英語活動の グランドデザインと レッスンプラン
－指導計画と授業の流れを作る－

　年間指導計画の作成にあたっては，関心・意欲・態度の育成を主眼としたうえで，各学校の実態をふまえ具体的な英語活動のねらいを明確にすることが大事です。きちんとしたビジョンをたて，明確な見通しをもったうえで，年間の指導計画を「デザイン」することになります。
　担任とネイティブスピーカー（ＡＬＴなど）とのティームティーチングであれ，担任だけによる授業であれ，基本的に授業の流れは同じです。大事なことは，常に担任が主導的な立場で授業をリードすることにあります。英語の得手不得手にかかわらず，担任が自信をもって授業を展開しましょう。

III章　英語活動のグランドデザインとレッスンプラン

1 ねらい

　小学校における英語活動のあり方については，小学校学習指導要領に明記されている配慮事項が基本にあるものと考えます。
　すなわち，小学校における外国語の取扱いとしては，各学校の実態等に応じ，「総合的な学習の時間」や特別活動などの時間において国際理解教育の一環として，「児童が外国語に触れたり，外国の生活や文化などに慣れ親しんだりするなど小学校段階にふさわしい体験的な学習が行われるようにすること」がベースとなっています。
　現時点においては，小学校での英語活動が「教科」でないこと，外国語の知識を得ることよりも，英語に対する興味・関心や意欲を育てることが主眼であると考えられます。よって，小学校における英語活動は，楽しみながら英語に慣れ親しむような活動が中心となることが求められます。
　一方，小学校の英語活動を教科として取り扱うこともできるようになってきました。また，そのための研究をはじめている学校もあります。必修の教科として小学校に導入されることについては，学校現場をはじめ教育関係者からの多様な意見があり，論議が展開されているところです。将来，小学校の英語活動がどのように展開され，教育課程の中にどのように位置づけされていくのかについては，冷静に見守っていきたいものです。
　いずれにせよ，これまで指摘されてきたように，「英語嫌いを作らない」「中学校英語の前倒しとしない」という小学校段階における英語活動の共通認識に立った実践がなされることには異論がないと思います。
　本書は，このような考え方を基本におき，小学校教育の現状をふまえつつ，具体的にどのようにして英語活動を進めていくかを課題として取り組んだ実践の成果を紹介してあります。

2 どのような力を育てるのか

　これまでも強調されてきたことですが，小学校の英語活動は，体験的な学習を通して，
①外国の文化や生活への関心をもとうとする（国際理解）
②自分を表現しようとする意欲（表現力）
③進んでコミュニケーションを図ろうとする態度（コミュニケーション能力）

といった関心・意欲・態度の育成が「目指す学び」であるといえます。このことから，英語の語彙を増やすとか英語表現を定着させるといったねらいは，小学校段階ではふさわしいものとはいえません。

|3　年間指導計画を作る|

　本書では，指導時数を1～2年生は月に1時間として年間に11時間，3年生以上は週に1時間として年間に35時間として計画を立てました。これから英語活動をはじめようとする学校では，これより少ない時間となるでしょうし，15～20分のモジュール単位で計画を立てる学校もあるでしょう。また，ある期間を設定して集中して取り組む学校もあることでしょう。いずれにしても本書で提案した年間指導計画を参考とし，各学校の実情や地域性に合わせて柔軟に対応してほしいと思います。

|4　単元の構成|

　3年生以上では，月に3時間程度の授業時間とし，これを「ユニット」と呼んでいます。1つのユニットは，第1時をそのユニットのオリエンテーションと位置づけ，ユニットで扱う英語表現を知ることとユニットで使用する絵カードなどの作成の時間にあてることにしました。英語活動が実り多いものにするための準備をしっかりとすることと，ユニット全体のモチベーションを高めることがねらいです。こうした時間をもつことで，先生にとっても，子どもたちにとっても，学習全体の見通しがもてるのではないでしょうか。そうしたゆとりが第2時，第3時の充実した活動につながります。英語活動を無理なく継続していくには，こうした考えが必要だと思っています。

|5　評価|

　英語活動を教科として扱うのであれば，評価の観点とそれに伴う評価規準を設定する必要があります。例えば，言語的な学習の側面を強調すれば，「話す」「聞く」「読む」「書く」といった観点で評価が行われるでしょう。実際に英語を教科として取り組んでいる小学校では，こうした観点を盛り込んだ評価規準を作成して，授業が展開されています。

しかし,「総合的な学習の時間」の1つとして取り組まれている英語活動の場合は,教科的な評価を求める必要はないと考えます。
　英語活動での評価は,例えば「英語活動への関心や意欲があるかどうか」「コミュニケーションをしようとする態度が育っているかどうか」といったような,子どもの学ぶ姿を見とることにあると思います。
　そのための評価方法としては,①授業中の活動を観察する,②ワークシートの活用度のチェック,③インタビューによるチェックなどがあげられます。
　評価する際には,教師側からの評価だけでなく,子どもたちの自己評価も同じように大切です。この自己評価は,「評定」をするためのものとして考えるのではなく,子どもたちがみずからの英語活動をふりかえり,次の学習へ向かう意欲を高めるようなものであるべきです。
　自己評価をすることで,活動への参加度,成長のようす,コミュニケーションを楽しむ態度などを子どもたち自身に実感させることができます。その意味から,授業,ユニット,学期末など,各学習場面における「ふりかえり」が大きな意味をもってきます。

6 授業の流れ

　中本幹子氏によれば,「児童英語教育におけるレッスンプラン」の流れは次のようになるとしています(『実践家からの児童英語教育法 解説編』アプリコット,2003年)。

① Warm-up
② Review（復習）
③ Situational Activity（場面状況で英語を使う）
④ Practice of Target Sentences through Songs / Chants
　（歌・チャンツで語彙・文の定着を図る）
⑤ Individual Work（自己表現活動）
⑥ Oral Presentation（口頭で発表）
⑦ Follow up & Drill（定着のための練習）
⑧ Closing

＊各ステップの詳細な説明は省略

ここに示された授業の流れは，専門的な用語も多く，英語活動をはじめて間もない小学校教員には，じゅうぶんに理解できない部分もあります。しかし，全体的な考え方は，子どもの実態に即した授業の流れとして，理想的な学習展開だといえます。こうした先進的なレッスンプランの考え方をふまえつつ，わたしたちはシンプルに4段階の英語活動の授業の流れを考えてみました。

① Warm-up（導入）
② Practice（練習）
③ Activity（活動）
④ Closing（ふりかえり）

　①では，あいさつ，歌・チャンツ，既習事項の確認など，授業をはじめるにあたってのウオームアップの場面です。特に低学年の授業では，歌・チャンツは大事な要素です。高学年では，あいさつを通してコミュニケーションを図ることがねらいです。

　②では，③Activityで使う英語表現を教え，子どもたちが練習する場面です。ともすれば，英単語や英語表現を教え込む形になりがちなので，絵カードを提示しながら発音させたり，体を使った活動を通して英語表現をさせたりするなど，子どもたちの興味を高めさせながら練習させるようにします。何よりも，③Activityで楽しい活動に使う英語表現であることを一人一人の子どもが理解できていれば，モチベーションを保つことができます。一人一人の子どもに「次の活動で使う英語を今練習している」という気持ちをしっかりもたせたいものです。

　③Activityは，その名の通り，英語を使った活動です。具体的には，ゲーム，遊び，役割演技などを指します。活動の中心は，英語を使ったコミュニケーションになりますが，単に対話を繰り返すのではなく，ゲーム性を取り入れ，動作のともなうコミュニケーション活動が行われるようにします。

本書で取り上げたアクティビティは，どれも子どもたちが喜んで楽しみながら英語表現を繰り返し使えるように工夫されたものばかりです。活動を通して英語表現に慣れていってほしいものです。

　④ Closing では，その授業をふりかえる場面です。子どもたち自身がその授業で得たことを発表したり，次への期待をもたせたりするようにして授業を終えます。また，授業にネイティブスピーカーや外部からの指導者が参加している場合には，感謝の言葉を述べたり，交流の場面としたりするなど場面に応じたふりかえりをします。ここでは子どもたちのがんばりを必ずほめるようにしましょう。

7　言語材料

　英語活動は，「活動」が中心であることはこれまでにも強調されてきましたが，授業である以上，学習する内容は明確にするべきです。英語活動では，その内容を「言語材料」という言い方で表現しています。ここでいう「言語材料」とは，英語の語彙や会話表現のことです。小学校の英語活動では，ともすれば「ゲーム・遊びがあればよい」「楽しければよい」となりがちですが，それだけではありません。もちろん「楽しい」ことは大前提ですが，その時間で扱う言語材料は指導する側がきちんと押さえておく必要があります。

　ゲーム・遊びが先にあるのではなく，1時間の授業の中で，あるいは1つの活動の中で取り上げる語彙・英語表現を決めてから，ゲーム・遊びといったアクティビティを考えるようにしましょう。本書で紹介しているアクティビティは，はじめに中心となる英語表現を明確にしたうえで，ゲーム・遊びに取り組めるものとして紹介しています。

　また，小学校段階では，「読む」「書く」といった文字指導に深入りしないということであれば，学年ごとに取り上げる言語材料を厳密に区別する必要はないでしょう。ただし，子どもたちの発達段階に応じた活動が行われることが重要であって，子どもたちの興味を高めつつ実態に応じた指導内容であることは当然です。

|1| 低学年　年間指導計画 ［11 時間］ ②

	活動名（時間数）	活動内容	主な言語材料
4月	1. 数字を言ってみよう！ Numbers（1時間）	① "Hello" を歌う。 ② "Seven Steps" を歌う。 ③ナンバー・バンドルゲームをしよう。	one, two, three, four, five, six, seven, eight, nine, ten…
	発展　Numbers	○足し算，引き算	One plus two! Three!
5月	2. 体を使って楽しく遊ぼう！ Body Parts（1時間）	① "Head, Shoulders, Knees and Toes" を歌う。 ②サイモン・セズをしよう。	Simon says, touch your mouth. shoulder, knee, toe, eye, nose, mouth
	発展　Body Parts	○体全体を使った活動をする。	Clap your hands. Turn around.
6月	3. 動物の名前で遊ぼう！ Animals（1時間）	① "Animal Talk" を歌う。 ②動物おいかけっこをしよう。	gorilla, lion, zebra, penguin, horse, koala, panda, mouse, pig, duck, sheep
	発展　Animals	○好きな動物を言う。	I like koalas.
7月	4. 野菜の名前で遊ぼう！ Vegetables（1時間）	① "Bingo" を歌う。 ②野菜落としをしよう。	onion, cabbage, tomato, carrot, eggplant, green pepper, lettuce, radish
	発展　Vegetables	○好きな野菜をたずねる。	Do you like tomatoes?
9月	5. 果物大好き！ Fruits（1時間）	① "If You're Happy" を歌う。 ②ブラック・ボックスゲームをしよう。	What's this? An apple. orange, grapes, melon, lemon, watermelon, strawberry
	発展　Vegetables/Animals	○野菜名や動物名を使ったゲームをする。	tomato, carrot, dog, cat
10月	6. 色のついたものをさがせ！ Colors（1時間）	① "The Bus" を歌う。 ②カラータッチゲームをしよう。	Touch something red. blue, yellow, red, green, orange, purple, brown, pink, gray, black
	発展　Colors	○好きな色をたずねる。	What color do you like?
11月	7. 飲み物大好き！ Drinks（1時間）	① "Hot Cross Buns!" を歌う。 ②ばくだんゲームをしよう。	What drink do you like? I like orange juice. coffee, tea, milk, cola, cocoa, green tea
	発展　Drinks	○2つの飲み物を言う。	I like orange juice and milk.
12月	8. 寒くなってきたね！ Seasons（1時間）	① "We Wish You a Merry Christmas" を歌う。 ②季節の名前を英語で言ってみよう。	What season is this? It's summer. spring, fall/autumn, winter
	発展　Gesture	○季節を体で表現する。	
1月	9. 形で遊ぼう！ Shapes（1時間）	① "Old Macdonald Had a Farm" を歌う。 ②形さがしゲームをしよう。	What shape do you like? I like squares. triangle, circle, diamond
	発展　Shapes	○好きな形をたずねる。	rectangle, oval, crescent, heart
2月	10. 時間ですよ！ Time（1時間）	① "Ten Little Monkeys" を歌う。 ②「何時かな？」ゲームで遊ぼう。	What time is it? It's five o'clock.
	発展　Time	○ゲス・ゲームをする。	
3月	11. これがわたしのふでばこ！ Stationery（1時間）	① "The Finger Family" を歌う。 ②ショウ・アンド・テルをしよう。	This is my pencil case. I have a pencil. eraser, ruler, glue, stapler
	発展　Colors/Size	○色や大きさを入れて話す。	I have a pink pencil/a big eraser.

|2| 中学年 年間指導計画［35時間］②

	ユニット（時間数）	活動内容	主な言語材料
4月	1. 食べ物や色を使って ゲームをしよう！ Food/Colors（4時間）	①食べ物の絵カードを作ろう。 ②「何が好き？」ゲームをしよう。 ③カラータッチゲームをしよう。 ④名札を作ろう。	What food do you like? I like curry and rice. Touch something red.
	発展　Food	○食べ物の言葉を増やす。	sandwich, spaghetti, steak
5月	2.「これは何ですか？」と たずねてみよう！ Animals/Seasons（3時間）	①絵カードを作ろう。 ②「何の動物？」ゲームをしよう。 ③季節の名前を英語で言ってみよう。	What animal is this? It's a horse. What season is this?
	発展　Adjective（形容詞）	○動物のようすを表す。	This animal is tall.
6月	3. 野菜や学習用品を使って 英語に親しもう！ Vegetables/Stationery（3時間）	①絵カードを作ろう。 ②野菜カード集めゲームをしよう。 ③ショウ・アンド・テルをしよう。	Do you like tomatoes?　Yes, I do. onion, cabbage, potato This is my pencil case.
	発展　Vegetables	○もっている野菜をたずねる。	Do you have a carrot?　Yes, I do.
7月	4. 飲み物や果物を使って ゲームをしよう！ Drinks/Fruit（3時間）	①飲み物、果物の言い方を知ろう。 ②ばくだんゲームをしよう。 ③ブラック・ボックスゲームをしよう。	What drink do you like? I like orange juice. What's this?　An apple.
	発展　Drinks	○複数の飲み物を言う。	I like banana juice and milk.
9月	5. 数や時刻の言い方に 慣れよう！ Numbers/Time（3時間）	①モンスターシートは何に使うのかな。 ②モンスターゲームをしよう。 ③「何時かな？」ゲームで遊ぼう。	How many eyes do you have? I have three eyes. What time is it?
	発展　Colors/Adjective	○数以外の表現を入れる。	red ears, sharp teeth
10月	6. 色や着ているものの言い 方に慣れよう！ Colors/Clothes（4時間）	①活動の準備をしよう。 ②色カード集めゲームをしよう。 ③着せかえゲームをしよう。 ④ハロウィンパーティーをしよう。	What color do you want? I want red. He is wearing black pants.
	発展　Colors	○色の種類を増やす。	brown, purple, gray, light blue
11月	7. 好きなスポーツをたずね たり、教室の案内をした りしよう！ Sports/Directions（3時間）	①活動の準備をしよう。 ②ジャンボカルタをしよう。 ③教室はどこにあるの？	What sport do you like? I like baseball. Where is the music room?
	発展　Sporting Goods	○カードを引く子を指名する。	glove, ball
12月	8. 天気を表す言葉や動物の 言い方に慣れよう！ Weather/Animals（3時間）	①天気や動物の絵カードを作ろう。 ②伝言ゲームをしよう。 ③アニマルすごろくをしよう。	sunny, cloudy, rainy, snowy, windy Do you have a koala?
	発展　Weather	○会話を入れてゲームをする。	How's the weather today?
1月	9. 体の調子を表す言葉や飲 み物の言い方に慣れよう！ Body Condition/Drinks（3時間）	①「病院ごっこ」の準備をしよう。 ②体の調子を話してみよう。 ③ばくだんゲームをしよう。	What's the matter? I have a headache. What drink do you like?
	発展　Body Condition	○痛みとけがのちがいを表現する	My foot hurts.
2月	10. 買い物のしかたや食べ物 の言い方に慣れよう！ Shopping/Food（3時間）	①スーパーマーケットの準備をしよう。 ②スーパーマーケットへ行って買い物をしよう。 ③「あなたはだれ？」ゲームをしよう。	How much is this?　16 dollars. Here you are. Thank you. This is your change. Do you like pizza?
	発展　Shopping	○品物があるかどうかたずねる。	May I have some chocolate?
3月	11. 好きなお菓子や野菜を たずねてみよう！ Sweets/Vegetables（3時間）	①お菓子や野菜のカードを作ろう。 ②エンドレスゲームをしよう。 ③「みんなでどの野菜をゲットするかな」 ゲームをしよう。	What sweets do you like? I like cakes. What vegetable do you like?
	発展　Numbers	○答える子を指名してゲームする。	I like ice cream.　Number 3.

| 3 | 高学年　年間指導計画［35時間］② |

	ユニット（時間数）	活動内容	主な言語材料
4月	1. 好きな果物や野菜のたずね方に慣れよう！ Fruit/Vegetables（4時間）	①絵カードを作ろう。 ②チェーンカードゲームをしよう。 ③野菜カード集めゲームをしよう。 ④名札を作ろう。	What fruit do you like? I like grapes. Do you like tomatoes?
	発展　Fruit	○決められた順番でカードを出す。	apples → oranges → melons
5月	2. 飼っている生き物や動物のたずね方に慣れよう！ Animals（3時間）	①絵カードを作ろう。 ②ペットの仲間さがしゲームをしよう。 ③「ゴー・フィッシュ」ゲームをしよう。	Do you have a pet? Yes, I do. I have a dog. Do you have a cat?
	発展　Animals	○「動物の鳴き声は？」	"Bowwow" "Meow"
6月	3. 好きな野菜や食べ物のたずね方に慣れよう！ Vegetables/Food（3時間）	①野菜の絵カードを作ろう。 ②「たくさんの野菜をゲット」ゲームをしよう。 ③「何が好き？」ゲームをしよう。	What vegetable do you like? I like potatoes. What food do you like?
	発展　Vegetables	○野菜の種類を増やす。	string bean, mushroom, celery
7月	4. 世界とスポーツをテーマに活動しよう！ Countries/Sports（3時間）	①国とスポーツの絵カードを作ろう。 ②「住んでいる国はどこ？」 ③ジャンボカルタをしよう。	Where do you live? I live in Spain. What sport do you like?
	発展　Countries	○「どこの国から来ましたか？」	Where are you from?
9月	5. 衣服と色をテーマに活動しよう！ Clothes/Colors（3時間）	①着せかえセットや色カードを作ろう。 ②着せかえゲームをしよう。 ③色カード集めゲームをしよう。	She is wearing a T-shirt. jacket, coat, sweater, skirt, socks What color do you want?
	発展　Clothes	○誰のことか推理する。	She is wearing a T-shirt and a skirt.
10月	6. 自分の家族や好きな飲み物を紹介しよう！ Family/Drinks（3時間）	①家系図や飲み物さいころを作ろう。 ②自分の家族を紹介しよう。 ③さいころゲームをしよう。	Who is this?　This is my mother. father, brother, sister, uncle What drink do you like?
	発展　Family	○家族の名前を入れて紹介する。	She is Sumire.
11月	7. スポーツや数をテーマに活動しよう！ Sports/Numbers（3時間）	①ビンゴやモンスターのシートを作ろう。 ②好きなスポーツをあてよう。 ③モンスターゲームをしよう。	Do you like tennis?　Yes, I do. baseball, soccer, basketball How many eyes do you have?
	発展　Subjects	○好きな教科をあてる。	Do you like science?　Yes, I do.
12月	8. 季節や天気のことを伝えよう！ Seasons/Weather（4時間）	①ワークシートやインタビューカードを作ろう。 ②どの季節に食べるの？ ③天気インタビューゲームをしよう。 ④クリスマスパーティーをしよう。	What season is this?　It's summer. I eat watermelons in summer. How's the weather in Tokyo?
	発展　Seasons	○相手に聞き返す。	How about you?
1月	9. 体調を伝えたり，好きなお菓子をたずねたりしよう！ Body Condition/Sweets（3時間）	①薬屋さんの開店準備をしよう。 ②薬屋さんへ行って，手当てをしよう。 ③エンドレスゲームをしよう。	What's the matter? I have a fever. I need an ice pack. What sweets do you like?
	発展　Money	○薬代を払う。	How much is this?　It's 650 yen.
2月	10. 時計や形をテーマに活動しよう！ Time/Shapes（3時間）	①活動の準備をしよう。 ②「出発は何時？」ゲームをしよう。 ③形さがしゲームをしよう。	What time does it leave? It leaves at eight o'clock. What shape do you like?
	発展　Time	○日常生活の時間をたずねる。	What time do you get up?
3月	11. 学校の中を案内したり，買い物に行ったりしよう！ Directions/Shopping（3時間）	①活動の準備をしよう。 ②教室はどこにあるの？ ③買い物をしよう。	Where is the music room? Go straight and turn right. How much is this?　16 dollars. Here you are.　Thank you.
	発展　Town	○町探検をする。	park, school, hospital, bank

低学年　　　　　　　　　　　　　　　　　　　　　　4月〜7月

I. 数, 体, 動物, 野菜を英語で言ってみよう！

②

1. ねらい

① 数, 体の部位, 動物, 野菜の名前の英語表現を知る。
② Touch your mouth. の言い方を知る。
③ リズムにのって楽しく英語の歌を歌う。

2. 言語材料

4月 one, two, three, four, five, six, seven, eight, nine, ten...

5月 Simon says, touch your mouth.
　　　head, shoulder, knee, toe, eye, nose, mouth, ear

6月 gorilla, lion, zebra, penguin, horse, koala, panda, mouse, pig, duck, sheep, etc.

7月 onion, cabbage, tomato, carrot, eggplant, green pepper, lettuce, radish, etc.

3. 活動計画（4時間扱い）

◆ **第1時（4月）数字を言ってみよう！**

① "Hello" を歌う。（p.100〜101）
② "Seven Steps" を歌う。（p.102〜103）
③ ナンバー・バンドル・ゲームをする。（p.10〜11）

◆ **第2時（5月）体を使って楽しく遊ぼう！（本時）**

◆ **第3時（6月）動物の名前で遊ぼう！**

① "Animal Talk" を歌う。（p.106〜107）
② 動物おいかけっこをする。（p.16〜17）

◆ **第4時（7月）野菜の名前で遊ぼう！**

① "Bingo" を歌う。（p.108〜109）
② 野菜落としをする。（p.28〜29）

4. 第2時 体を使って楽しく遊ぼう！の活動案

① ねらい
ゲームを通して，体の部位の言い方や命令・指示する表現を知る。

② 準備するもの
- 体の部位を絵と名前でかいたもの
- "Head, Shoulders, Knees and Toes" の伴奏ＣＤ１ 57 （p.104 ～ 105）

③ 言語材料
Simon says, touch your mouth.

head, shoulder, knee, toe, eye, nose, mouth, ear

④ 活動の展開例

活 動 内 容	指 導 者 の 支 援
1. はじめのあいさつ（p.188）をする。	● あいさつをすることで，英語活動のはじまりを意識させたい。
2. "Head, Shoulders, Knees and Toes"（p.104 ～ 105）を歌う。	● 体の部位を指で指しながら元気に歌うようにする。 ● 歌のテンポを変えたりすると楽しさが増す。
3. 体の部位の言い方を知る。	● 体の部位の絵を見せながら，言い方を確認する。 (関連) 体の部位を扱った絵本 "From Head to Toe"（p.126）を読んだり，見せたりすると興味が深まる。
4. サイモン・セズ（p.14 ～ 15）をする。	● ゲームの進め方を説明する。 ● ゲームに慣れてきたら，head, shoulder, knee, toe, eye, nose, mouth, ear 以外の体の部位も入れてみる。 ● 子どもに先生役をさせてもよい。
評価　○ 指示をよく聞き取り，楽しく遊ぶ。	
5. おわりのあいさつ（p.189）をする。	● 子どもたちのがんばりをほめる言葉をかけるようにする。

低学年　II. 果物，色，飲み物，季節を英語で言ってみよう！

9月～12月

②

1. ねらい

① 果物，色，飲み物，季節の名前の英語表現を知る。
② What's this? や What ～ do you like? I like ～ . の言い方を知る。
③ リズムにのって楽しく英語の歌を歌う。

2. 言語材料

9月 What's this? An apple.
apple, orange, grapes, melon, lemon, watermelon, strawberry, etc.

10月 Touch something green!
blue, yellow, red, green, orange, purple, brown, pink, gray, black

11月 What drink do you like? I like orange juice.
orange juice, coffee, tea, milk, cola, cocoa, green tea, soda, apple juice, banana juice, etc.

12月 What season is this? It's summer.
spring, summer, fall/autumn, winter

3. 活動計画（4時間扱い）

◆ 第1時（9月）5. 果物大好き！
① "If You're Happy" を歌う。（p.110 ～ 111）
② ブラック・ボックスゲームをする。（p.38 ～ 39）

◆ 第2時（10月）6. 色のついたものをさがせ！（本時）

◆ 第3時（11月）7. 飲み物大好き！
① "Hot Cross Buns!" を歌う。（p.114 ～ 115）
② ばくだんゲームをする。（p.54 ～ 55）

◆ 第4時（12月）8. 寒くなってきたね！
① "We Wish You a Merry Christmas" を歌う。（p.116 ～ 117）
② 季節の名前を英語で言ってみよう。（p.60 ～ 61）

4. 第2時 色のついたものをさがせ！の活動案

① ねらい
色の名前を知って，ゲームで楽しく遊ぶ。

② 準備するもの
- "The Bus" の伴奏CD 1 61 (p.112～113)
- 色のはっきりしている服や文房具，掲示物など
- 音楽CD（バックミュージック用）

③ 言語材料
Touch something green!

blue, yellow, red, green, orange, purple, brown, pink, gray, black

④ 活動の展開例

活動内容	指導者の支援
1. はじめのあいさつ（p.188）をする。	● 一対一の会話ができるように一人一人の子どもに話しかける。
2. "The Bus" を歌う。(p.112～113)	● 歌にあわせて動作を入れて歌うようにする。
3. 色の言い方や「色をさわりましょう」という表現を知る。	● "Touch ～!" の表現は，サイモン・セズゲームで学習したことを思い出させる。 ● 色の言い方は，色カードを提示しながら，繰り返し練習する。 (関連) 色をテーマとした絵本 "THE VERY HUNGRY CATERPILLAR" (p.127) や "A Beautiful Butterfly"(p.128)を読んだり，見せたりすると興味が深まる。
4. カラータッチゲーム (p.50～51) をする。	● 教室の中を子どもたちが動きまわるゲームなので，指示を聞かせるときは，静かに集中させるようにする。
評価　○友だちと仲良く，身体表現をして楽しむ。	
5. おわりのあいさつ（p.189）をする。	● 子どもたちのがんばりをほめる言葉をかけるようにする。

Ⅲ. 形，時間，勉強道具を英語で言ってみよう！

低学年 ／ 1月〜3月

②

1. ねらい

① 形，時刻，学用品の名前の英語表現を知る。

② What 〜 do you like? / What time is it? / This is 〜 . の言い方を知る。

③ リズムにのって楽しく英語の歌を歌う。

2. 言語材料

1月 What shape do you like? I like squares.
　　　square, triangle, circle, diamond

2月 What time is it? It's five o'clock.

3月 This is my pencil case. I have a pencil. eraser, ruler, glue, stapler, etc.

3. 活動計画（3時間扱い）

◆ 第1時（1月）9．形で遊ぼう！（本時）

◆ 第2時（2月）10．時間ですよ！

① "Ten Little Monkeys" を歌う。（p.120 〜 121）

② 「何時かな？」ゲームをする。（p.66 〜 67）

◆ 第3時（3月）11．これがわたしのふでばこ！

① "The Finger Family" を歌う。（p.122 〜 123）

② ショウ・アンド・テルをする。（p.70 〜 71）

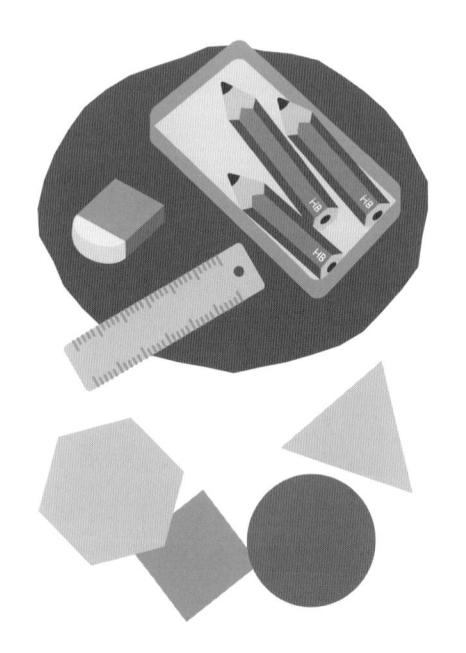

4. 第1時 形で遊ぼう！の活動案

① ねらい
身近な形の言い方を知り，ルールを守って楽しく遊ぶ。

② 準備するもの
- "Old Macdonald Had a Farm" の伴奏CD 1 64 (p.118～119)
- 形シート
- 音楽CD（バックミュージック用）

③ 言語材料
What shape do you like? I like squares.

square, triangle, circle, diamond

④ 活動の展開例

活動内容	指導者の支援
1. はじめのあいさつ（p.188）をする。	● 学習意欲を引き出すように，指導者みずからが元気に子どもたちに言葉をかける。
2. "Old Macdonald Had a Farm" を歌う。（p.118～119）	● テンポの速い曲なので事前に練習しておくとよい。 ● 聞き取れる歌詞だけを歌ってもよい。
3. 形の名前や好きな形をたずねる言い方を知る。	● 形の名前や What shape do you like? I like squares. などの表現ははじめてなので，ゆっくりとていねいに発音させる。 ● 形の名前の言い方は形のカードを提示しながら，繰り返し練習する。 (関連) 身近な形を取り上げた絵本 "My Very First Book of Shapes"（p.127）を読んだり，見せたりすると興味が深まる。
4. 形さがしゲーム（p.64～65）をする。	● 教室の中を子どもたちが動きまわるゲームなので，全員そろって発声するときは，静かに集中させるようにする。
評価　○歌ったり，発音したりすることを楽しむ。	
5. おわりのあいさつ（p.189）をする。	● 子どもたちのがんばりをほめる言葉をかけるようにする。

中学年　　　　　　　　　　　　　　　　　　　　　　4月
1. 食べ物や色を使って ゲームをしよう！

②

1. ねらい

① 好きな食べ物や色の名前の英語表現を知る。
② What 〜 do you like? I like 〜 . の言い方を知る。
③ Touch something red. の言い方を知る。
④ ルールを守り，友だちと会話を楽しむ。

2. 言語材料

What food do you like? I like curry and rice.

bread, chicken, curry and rice, hamburger, rice, salad, etc.

Touch something red.

blue, yellow, red, green, orange, purple, brown, pink, gray, black, light blue

3. 活動計画（4時間扱い）

◆ 第1時　食べ物の絵カードを作ろう！

① 食べ物の絵カードを作る。
② 色がはっきりとしている物（文房具，洋服，カードなど）を用意する。
③ 食べ物と色の言い方を知る。

◆ 第2時　好きな食べ物は何？（本時）

◆ 第3時　色の言い方を知ろう！

① 色の言い方を練習する。
② カラータッチゲームをする。（p.50 〜 51）
③ 好きな色をたずねてみる。

◆ 第4時

○ 英語活動の時間に使用する自分の名札をつくる。

☆ 厚紙を使ったり，フェルトに刺繍をしたりするなど各自が工夫する。

4. 第2時 好きな食べ物は何？の活動案

① ねらい
ゲームを通して，好きな食べ物のたずね方や答え方に慣れる。

② 準備するもの
- 食べ物カード（p.42 ～ 43）
- 音楽CD（バックミュージック用）

③ 言語材料
What food do you like? I like curry and rice.

bread, chicken, curry and rice, hamburger, rice, salad, etc.

④ 活動の展開例

活 動 内 容	指 導 者 の 支 援
1．はじめのあいさつ（p.188）をする。	● あいさつをすることで，英語活動のはじまりを意識させたい。
2．好きな食べ物のたずね方や答え方を表す英語表現を聞き，言い方を知る。	● 絵カードを見せながら食べ物の言い方の発音を聞かせ，繰り返させる。 ● 食べ物の言い方については生活の中で使っている言葉も多いので，発音が日本語的にならないように注意させたい。
3．「何が好き？」ゲーム（p.40 ～ 41）をする。	● ゲームのルールはハンカチ落としと同じであることを伝える。 ● 教室でゲームをする場合は，スペースの関係から2グループに分ける。安全確保のため障害となるものがないようにする。 ● "What food do you like?" と声をそろえて言うところがゲームのねらいなので，はっきりとした声で言うようにさせる。
評価　○ ルールを守り，友だちと会話を楽しもうとしている。	
4．おわりのあいさつ（p.189）をする。	● 子どもたちのがんばりをほめる言葉をかけるようにする。

中学年　　　　　　　　　　　　　　　　　　　　5月

2.「これは何ですか?」と たずねてみよう!

②

1. ねらい

① 動物や季節の名前の英語表現を知る。
② What 〜 is this?　It's 〜 . の言い方を知る。
③ ゲームや会話を通して，進んで英語表現を使う。

2. 言語材料

What animal is this?　It's a horse.
rabbit, giraffe, elephant, snake, kangaroo, monkey, pig, horse, etc.
What season is this?　It's summer.
spring, summer, fall/autumn, winter

3. 活動計画（3時間扱い）

◆ 第1時　絵カードを作ろう!
　① 第2時で使う動物の絵カード（p.20〜21）を作る。
　② 動物の言い方を知る。
　③ 季節の言い方を知る。

◆ 第2時　動物の名前を当てよう!（本時）

◆ 第3時　季節の名前を英語で言ってみよう!
　① 四季を表すカードをワークシートに貼る。
　② 季節の言い方を練習する。
　③ ワークシートを使って会話を楽しむ。(p.61)

4. 第2時 動物の名前を当てよう！の活動案

① ねらい
動物を表す言葉と What 〜？のたずね方，答え方に慣れる。

② 準備するもの
- 動物カード（p.20 〜 21）
- おおいとして使う物（画用紙，布，紙袋など）（p.19）

③ 言語材料
What animal is this? It's a horse.

rabbit, giraffe, elephant, snake, kangaroo, monkey, pig, horse, etc.

④ 活動の展開例

活 動 内 容	指 導 者 の 支 援
1．はじめのあいさつ（p.188）をする。	● 一対一の会話ができるように一人一人の子どもに話しかける。
2．動物を表す言葉を聞き，発音に慣れる。	● 絵カードを見せながら動物の言い方の発音を聞かせ，繰り返させる。 ● 動物の言い方については知っている子どもも多いので，イントネーションに注意させたい。
3．「何の動物？」ゲーム（p.18 〜 19）をする。	● ゲームの進め方を説明する。 ● 動物の一部しか見えないようなカードの見せ方の例を提示する。 ● カードの見せ方がゲームの面白さを左右するので，見せ方を工夫させるようにする。 ● できるだけ全員が出題し，回答できるようにする。
評価　○ ゲームを通して，進んで英語表現を使おうとしている。	
4．おわりのあいさつ（p.189）をする。	● 子どもたちのがんばりをほめる言葉をかけるようにする。

中学年　6月

3. 野菜や学習用品を使って英語に親しもう！

②

1. ねらい

① 野菜や文房具の名前の英語表現を知る。

② Do you like ～? Yes, I do. の言い方を知る。

③ This is my ～. の言い方を知る。

④ ゲームやショウ・アンド・テルを通して，進んで英語表現を使う。

2. 言語材料

Do you like tomatoes?　Yes, I do.

onion, cabbage, tomato, carrot, eggplant, green pepper, lettuce, radish, spinach, string bean, cucumber, etc.

Hi.　Hello.　This is my pencil case.　I have a pen.　Thank you.

eraser, pencil, ruler, scissors, glue, notebook, stapler, paper clip, pen, pencil sharpener, etc.

3. 活動計画（3時間扱い）

◆ 第1時　絵カードを作ろう！

① 第2時で使う野菜の絵カード（p.30～31）を作る。

② 第3時で使う文房具の絵カード（p.71）を作る。

③ 野菜の言い方を知る。

④ 文房具の言い方を知る。

◆ 第2時　好きかどうかたずねてみよう！（本時）

◆ 第3時　ショウ・アンド・テルをしよう！

① 文房具の名前の言い方を知る。

② 自分の持ち物の紹介のしかたを知る。

③ みんなの前でショウ・アンド・テルをする。（p.70～71）

4. 第2時 好きかどうかをたずねてみよう！の活動案

① ねらい
野菜を表す言葉と Do you like ～？のたずね方，答え方に慣れる。

② 準備するもの
・野菜カード（p.30 ～ 31）

③ 言語材料
Do you like tomatoes? Yes, I do.

onion, cabbage, tomato, carrot, eggplant, green pepper, lettuce, radish, spinach, string bean, cucumber, etc.

④ 活動の展開例

活 動 内 容	指 導 者 の 支 援
1．はじめのあいさつ（p.188）をする。	● 学習意欲を引き出すように，指導者みずからが元気に子どもたちに言葉をかける。
2．野菜を表す言葉を聞き，発音に慣れる。	● 絵カードを見せながら野菜の言い方の発音を聞かせ，繰り返させる。 ● 野菜の言い方については生活の中で使っている言葉も多いので，発音が日本語的にならないように注意させたい。
3．野菜カード集めゲーム（p.32 ～ 33）をする。	● ゲームの進め方を説明する。 ● 聞き慣れない発音の野菜もできるだけゲームの会話に入れるようにさせる。 ● 会話を繰り返すことによって， Do you like tomatoes? Yes, I do. のフレーズを練習することになるので，できるだけ多くの子どもとゲームさせる。 ● カードは多めに用意し，ゲームがとぎれないようにする。
評価　○ 友だち同士で楽しく英語のやりとりをしようとする。	
4．おわりのあいさつ（p.189）をする。	● 子どもたちのがんばりをほめる言葉をかけるようにする。

4. 飲み物や果物を使って ゲームをしよう！

中学年　7月

②

1. ねらい

① 飲み物や果物の名前の言い方を知る。
② What 〜 do you like?　I like 〜 . の表現を知る。
③ What's this? の表現を知る。
④ グループの友だちとのやりとりを楽しむ。

2. 言語材料

What drink do you like?　I like orange juice.

orange juice, coffee, tea, milk, cola, cocoa, green tea, soda, apple juice, etc.

What's this?　An apple.

apple, orange, grapes, melon, lemon, watermelon, strawberry, pineapple, banana, cherry

3. 活動計画（3時間扱い）

◆ 第1時　飲み物，果物の言い方を知ろう！

① ゲームで使うさいころを作る。
② ゲームで使うブラックボックスを作る。(p.39)
③ 飲み物，果物の言い方を知る。

◆ 第2時　好きな飲み物は？（本時）

◆ 第3時　これ，なあに？

① 果物の言い方を練習する。
② ブラック・ボックスゲームをする。(p.38 〜 39)
③ ほめる言葉 Good job!　Thank you. を知る。

4. 第2時 好きな飲み物は？の活動案

① ねらい
好きな飲み物のたずね方や答え方に慣れる。

② 準備するもの
- 6つの面に飲み物カードを貼ったサイコロ2つ。
- 飲み物カード（p.56～57）

③ 言語材料
What drink do you like? I like orange juice.

orange juice, coffee, tea, milk, cola, cocoa, green tea, soda, apple juice, etc.

④ 活動の展開例

活動内容	指導者の支援
1．はじめのあいさつ（p.188）をする。	● 一人一人に体の調子をたずねる言い方を交えてあいさつをする。
2．好きな飲み物のたずね方や答え方を表す英語表現を聞き，言い方を知る。	● 絵カードを見せながら飲み物の言い方の発音を聞かせ，繰り返させる。 ● 飲み物の言い方については生活の中で使っている言葉も多いので，発音が日本語的にならないように注意させたい。
3．ばくだんゲーム（p.54～55）をする。	● ゲームの進め方を説明する。 ● はじめは先生が What drink do you like? とたずねるが，ゲームに慣れてきたら子どもたちにたずねさせる。 同じように，BGM を止める役割もさせるとよい。 ● 子どもたちが何回も繰り返して，What drink do you like? を言うことが大事。
評価 ○ 友だちと楽しく英語表現を使おうとしている。	
4．おわりのあいさつ（p.189）をする。	● 子どもたちのがんばりをほめる言葉をかけるようにする。

中学年 9月

5. 数や時刻の言い方に慣れよう！

②

1. ねらい

① 数の呼び方や時刻のたずね方，答え方の英語表現を知る。
② How many 〜 do you have? I have three 〜. の言い方を知る。
③ What time is it? It's 〜 o'clock. の言い方を知る。
④ 進んで友だちとかかわろうとする。

2. 言語材料

How many eyes do you have? I have three eyes.
eye, nose, mouth, ear, tooth, eyebrow, tongue
What time is it? It's five o'clock.
one, two, three, four, five, six, seven, eight, nine, ten, eleven, twelve

3. 活動計画（3時間扱い）

◆ 第1時　モンスターシートは何に使うのかな？
　① 画用紙にモンスターシート（p.13）をかく。
　② 数の言い方に慣れる。
　③ 時刻の言い方を知る。

◆ 第2時　何個あるのかたずねてみよう！（本時）

◆ 第3時　今，何時ですか？
　① 時刻のたずね方，答え方を練習する。
　②「何時かな？」ゲームで遊ぶ。（p.66〜67）
　③ ワークシートを使って，友だちと会話を楽しむ。

4．第2時 何個あるのかたずねてみよう！の活動案

① ねらい
数の言い方と How many 〜 do you have？ I have three 〜. の言い方に慣れる。

② 準備するもの
- モンスターシート（p.13）
- B4サイズの紙
- 解答用のお面

③ 言語材料
How many eyes do you have？ I have three eyes.

eye, nose, mouth, ear, tooth, eyebrow, tongue

④ 活動の展開例

活動内容	指導者の支援
1．はじめのあいさつ（p.188）をする。	● 子どもたち一人一人と目線を合わせ，気持ちを込めてあいさつをする。
2．顔の部位を表す言葉を聞き，発音に慣れる。	● 絵カードを見せながら，顔の部位の言い方の発音を聞かせ，繰り返させる。 ● eye, nose, mouth, ear については，単数形と複数形の発音のちがいに気づかせたい。tooth, eyebrow, tongue については，聞き慣れていないので，繰り返し発音をさせる。
3．モンスターゲーム（p.12〜13）をする。	● ゲームを実際に演じてみせるなどして，意図が伝わるようにする。 ● How many 〜 do you have? の言い方が何回もできるようにする。 ● 目や鼻をかく時間をじゅうぶん取って，楽しく作業させたい。
評価　〇友だちとの会話や作業を楽しもうとする。	
4．おわりのあいさつ（p.189）をする。	● 子どもたちのがんばりをほめる言葉をかけるようにする。

中学年　　　　　　　　　　　　　　　　　　　　　10月
6. 色や着ているものの言い方に慣れよう！

②

1. ねらい

① 色や衣服の英語表現を知る。

② What 〜 do you want?　I want 〜 . の言い方を知る。

③ He（She）is wearing 〜 . の言い方を知る。

④ 進んで友だちとかかわろうとする。

2. 言語材料

What color do you want?　I want red.

blue, yellow, red, green, orange, gold, silver, purple, brown, pink, gray, black, white, light blue

She is wearing a T-shirt.　She is wearing a T-shirt and a sweater.

She is wearing a T-shirt, a sweater and pants.

T- shirt, jacket, socks, coat, pants, skirt, hat, cap, shoes, etc.

3. 活動計画（4時間扱い）

◆ **第1時　活動の準備をしよう！**

① 色カードを作る。

② 着せかえ人形セットを作る。（p.73）

③ 色の言い方に慣れる。

④ 衣服の言い方を知る。

◆ **第2時　ほしい色をたずねてみよう！（本時）**

◆ **第3時　身につけているものは何と言うの？**

① 衣服の言い方を練習する。

② 着せかえゲームで遊ぶ。（p.72 〜 73）

③ ゲス・ゲームを楽しむ。（p.72）

◆ **第4時　集会活動**

○ハロウィンパーティーをしよう！

（例）☆ ほかのクラスとの合同や異学年交流で行うこともできる。

☆「フェイス・ペインティング」や「仮装パレード」などでハロウィンの雰囲気を楽しむ。

☆ これまでのゲームの中から人気のあったものをみんなで楽しむ。

4. 第2時 ほしい色をたずねてみよう！の活動案

① ねらい
色の言い方や What color do you want?　I want red. の言い方に慣れる。

② 準備するもの
- 色カード（クラスの人数×4枚）

③ 言語材料
What color do you want?　I want red.

blue, yellow, red, green, orange, gold, silver, purple, brown, pink, gray, black, white, light blue

④ 活動の展開例

活動内容	指導者の支援
1．はじめのあいさつ（p.188）をする。	● 子どもたち一人一人と目線を合わせ，気持ちを込めてあいさつをする。
2．好きな色のたずね方や色の名前を聞き，発音に慣れる。	● 色カードを見せながらたずね方や色の言い方の発音を聞かせ，繰り返させる。 ● 色の言い方については知っている子も多いので，ネイティブの発音を聞かせるなどしてイントネーションに注意させたい。 ● purple, brown, gray などは，ふだん使うことがないので，しっかりと発音させる。
3．色カード集めゲーム（p.52～53）をする。	● ゲームを実際に演じてみせるなどして，活動の意図が伝わるようにする。 ● 会話を繰り返すことによって，What color do you want?　I want red. のフレーズを練習することになるので，できるだけ多くの友だちとゲームをさせる。
評価　○ 多くの友だちと会話を楽しもうとしている。	
4．おわりのあいさつ（p.189）をする。	● 子どもたちのがんばりをほめる言葉をかけるようにする。

中学年　7. 好きなスポーツをたずねたり，教室の案内をしたりしよう！

11月

②

1. ねらい
① 好きなスポーツのたずね方，答え方や教室の場所を教える言い方を知る。
② What 〜 do you like?　I like 〜. や Where is 〜?　Go straight and turn left. の言い方を知る。
③ 自分の意図を進んで伝えようとする。

2. 言語材料

What sport do you like?　I like baseball.
soccer, basketball, volleyball, table tennis, badminton, handball, tennis, dancing, swimming, dodge ball, jump rope, skating, bowling, judo, karate, marathon, golf, skiing, surfing
Where is the music room?　Go straight and turn left.
library, science lab, music room, art room, cooking room, gym, nurse's office, teachers' room, principal's office, announcement studio, classroom

3. 活動計画（3時間扱い）

◆ **第1時　活動の準備をしよう！**
① ジャンボカルタ用カード（p.76 〜 77）や学校案内マップ（p.81）を作る。
② 好きなものや場所のたずね方，答え方を練習する。

◆ **第2時　いろいろなスポーツの言い方に慣れよう！（本時）**

◆ **第3時　教室はどこにあるの？**
① 教室の名前の言い方を知る。
② 場所のたずね方や答え方を練習する。
③ 学校案内の活動を楽しむ。(p.80 〜 81)

4. 第2時 いろいろなスポーツの言い方に慣れよう！の活動案

① ねらい
スポーツの名前の言い方と What 〜 do you like?　I like 〜 . の表現に慣れる。

② 準備するもの
・スポーツカード（p.76 〜 77）を拡大したジャンボカルタ用カード

③ 言語材料
What sport do you like?　I like baseball.
soccer, basketball, volleyball, table tennis, badminton, handball, tennis, dancing, swimming, dodge ball, jump rope, skating, bowling, judo, karate, marathon, golf, skiing, surfing

④ 活動の展開例

活動内容	指導者の支援
1．はじめのあいさつ（p.188）をする。	● 一対一の会話ができるように，一人一人の子どもに話しかける。
2．スポーツの名前や好きなスポーツをたずねる言い方を復習する。	● スポーツカードを見せながらスポーツの名前を確認して，繰り返し練習させる。 ● スポーツの名前は日常よく使われているので，できるだけ多くの種目を取りあげたい。オリンピックなどのスポーツイベントにあわせて活動すると関心も高まる。
3．ジャンボカルタ（p.74 〜 75）をする。	● ゲームの進め方を説明する。 ● ゲームを実際に演じてみせるなどして，意図が伝わるようにする。 ● クラスの人数に応じてカルタの取り札を多くしたい。 ● グループごとの活動になるので，それぞれのグループがスムーズに活動できるように注意する。指導者が複数の場合は，子どもの中に入って一緒にゲームを進める。
評価　○ グループで協力し合い，楽しく交流しようとする。	
4．おわりのあいさつ（p.189）をする。	● 子どもたちのがんばりをほめる言葉をかけるようにする。

8. 天気を表す言葉や動物の言い方に慣れよう！

中学年　12月

②

1. ねらい

① 天気を表す言葉や動物の名前の英語表現を知る。
② Do you have 〜？ Yes, I do. の言い方を知る。
③ グループで協力しながら，英語を使って活動を楽しむ。

2. 言語材料

sunny, cloudy, rainy, snowy, windy, stormy

Do you have a koala?　Yes, I do.

koala, mouse, turkey, bear, sheep, goat, goose, frog, rabbit, giraffe, elephant, snake, kangaroo, monkey, pig, horse, lion, goldfish, duck, cow, turtle, panda, tiger, gorilla, penguin, zebra, etc.

3. 活動計画（3時間扱い）

◆ 第1時　天気や動物を表す絵カードを作ろう！
　① 天気の絵カード（p.83）や動物の絵カード（p.20〜21）を作る。
　② 天気を表す言葉の言い方を知る。
　③ 動物の名前の言い方に慣れる。

◆ 第2時　天気の言い方に慣れよう！（本時）

◆ 第3時　もっている動物のカードは何？
　① Do you have 〜？の言い方を練習する。
　② アニマルすごろくをする。（p.22〜23）
　③ グループでゲームの楽しみ方を工夫する。

4. 第2時 天気の言い方に慣れよう！の活動案

① ねらい
天気を表す言葉を知る。

② 準備するもの
・天気カード（p.83）

③ 言語材料
sunny, cloudy, rainy, snowy, windy, stormy

④ 活動の展開例

活 動 内 容	指 導 者 の 支 援
1. はじめのあいさつ（p.188）をする。	● 学習意欲を引き出すように，指導者みずからが元気に言葉をかける。
2. 天気を表す言葉を聞き，発音に慣れる。	● ゲームで使うカードを見せながら天気の言い方の発音を聞かせ，繰り返させる。 ● ここで取りあげる単語は限られているが，聞き慣れない単語が多いのでていねいに繰り返し，発音を聞かせる。sunny（晴れ）は sun（太陽）と関連があることを知らせ，言葉と天気のイメージが合うようにさせる。
3. 伝言ゲーム（p.82～83）をする。	● ゲームの進め方を説明する。 ● 伝言ゲームは時間を競わせると，急ぐあまり発音が不正確になるので，落ち着いて活動させたい。 ● できるだけ多くゲームをすることが，子どもたちの発声の回数を増やすことになるので，スムーズに活動できるように配慮する。
評価　○ 友だちに正確に言葉を伝えようとしている。	
4. おわりのあいさつ（p.189）をする。	● 子どもたちのがんばりをほめる言葉をかけるようにする。

中学年　1月

9. 体の調子を表す言葉や飲み物の言い方に慣れよう！

②

1. ねらい

① 体の調子を表す言葉や医者とのやりとりの表現を知る。
② 飲み物の名前の言い方に慣れる。
③ ロール・プレイ（役割演技）をしながら，英語を使って活動を楽しむ。

2. 言語材料

What's your name?　My name is 〜.
What's the matter?
I have a headache.
Take this tablet. Take care.
Thank you.
headache, stomachache, earache, toothache, etc.
What drink do you like?　I like orange juice.
orange juice, coffee, tea, milk, cola, cocoa, soda, green tea, kiwi juice, apple juice, tomato juice, banana juice, water, grape juice, pineapple juice, oolong tea

3. 活動計画（3 時間扱い）

◆ 第1時　「病院ごっこ」の準備をしよう！
　① 薬の袋に見立てたカードを作る。（p.87）
　② 飲み物カードを作る。（p.56〜57）
　③ 体の調子を表す言葉や医者とのやりとりの表現を知る。

◆ 第2時　病院へ行って，体の調子を話してみよう！（本時）

◆ 第3時　好きな飲み物は何？
　① What drink do you like? の言い方を練習する。
　② ばくだんゲームをする。（p.54〜55）
　③ and を使って表現してみる。（p.54）

4. 第2時 病院へ行って，体の調子を話してみよう！の活動案

① ねらい
痛みを感じたりけがをしたりした体の部位を伝える言い方を知る。

② 準備するもの
- 診察用カード（薬の袋に見立てたカード）（p.87）
- カードに貼る丸いシール（○印をつけるだけでもよい）

③ 言語材料
Hello. What's your name? My name is 〜． What's the matter?
I have a headache. OK. Take this tablet. Take care.
Thank you. Bye.

④ 活動の展開例

活 動 内 容	指 導 者 の 支 援
1．はじめのあいさつ（p.188）をする。	● 一人一人に体の調子をたずねる言い方をまじえてあいさつをする。
2．医者と患者のやりとりの言い方を知る。	● 活動で使う医者と患者の台詞の言い方を知らせ，繰り返し練習させる。 ● 体の部位の言い方については絵を掲示したり，実際の体の部位を指したりするなどしてていねいに扱う。
3．「病院ごっこ」（p.86〜87）の活動をする。	● 活動の進め方を説明する。 ● 医者と患者の台詞が子どもにとって難しければ，台詞を短くするなどして活動が楽しめるようにする。 ●「○○診療所」「○○医院」などの表示を書いたり，医者役に白衣を着せたりするなどして，雰囲気を盛りあげたい。 ● 全員が医者と患者の役ができるようにする。
評価　○ ある場面を想定した会話を楽しもうとする。	
4．おわりのあいさつ（p.189）をする。	● 子どもたちのがんばりをほめる言葉をかけるようにする。

中学年

10. 買い物のしかたや食べ物の言い方に慣れよう！

2月

②

1. ねらい

① スーパーマーケットでの買い物のしかたを知る。
② 食べ物の名前の言い方に慣れる。
③ ロール・プレイ（役割演技）をしながら，英語を使って活動を楽しむ。

2. 言語材料

How much is this?　16 dollars.　Here you are.　Thank you.
This is your change.
I have an ice cream, two tomatoes, three candies and a pen.
Do you like pizza?　Yes, I do. / No, I don't.
curry and rice, hamburger, salad, sandwich, spaghetti, etc.

3. 活動計画（3時間扱い）

◆ **第1時　スーパーマーケットの準備をしよう！**

① スーパーマーケットで売っている品物の絵カード（例えば野菜はp.30～31のカードを使ってもよい），買い物かごシート（p.91），おもちゃのドル紙幣を作る。
② 食べ物カード（p.42～43）やインタビューシート（p.45）を作る。

◆ **第2時　スーパーマーケットへ行って買い物をしよう！（本時）**

◆ **第3時　好きな食べ物を聞いてみよう！**

① Do you like pizza? の言い方を練習する。
② 食べ物の名前の言い方を練習する。
③ 「あなたはだれ？」ゲームをする。（p.44～45）

4. 第2時 スーパーマーケットへ行って買い物をしよう！の活動案

① ねらい
スーパーマーケットでの買い物ゲームを楽しみながら，物を買うときの言い方に慣れる。

② 準備するもの
- スーパーマーケットで売っているものの絵カード
- おもちゃのドル紙幣
- 買い物かごシート（p.91）
- のり

③ 言語材料
How much is this? 16 dollars. Here you are. Thank you. This is your change.

I have an ice cream, two tomatoes, three candies and a pen.

④ 活動の展開例

活動内容	指導者の支援
1．はじめのあいさつ（p.188）をする。	● 子どもたち一人一人と目線を合わせ，気持ちを込めたあいさつをする。
2．スーパーマーケットで買い物をするときの言い方を知る。	● 活動で使う店員と客の台詞の言い方を知らせ，繰り返し練習させる。 ● この活動では商品のやりとりとお金のやりとりの2つの要素があるので，買い物の手順と台詞をていねいに説明する。
3．買い物ごっこ（p.90〜91）をする。	● 活動の進め方を説明する。 ● 店員と客の台詞が子どもにとって難しければ，台詞を短くするなどして活動が楽しめるようにする。 ● 「○○スーパーマーケット」の看板やポスターを書いたり，店員にユニフォームを着せたりするなどして雰囲気を盛りあげたい。
評価　○ ある場面を想定した会話を楽しもうとする。	
4．おわりのあいさつ（p.189）をする。	● 子どもたちのがんばりをほめる言葉をかけるようにする。

11. 好きなお菓子や野菜を たずねてみよう！

中学年　3月

②

1. ねらい

① お菓子の名前や好きなお菓子をたずねる言い方を知る。
② 野菜の名前や好きな野菜をたずねる言い方に慣れる。
③ What ～ do you like? の表現を使って，友だちとの交流を楽しむ。

2. 言語材料

What sweets do you like?　I like cakes.

cake, candy, ice cream, jelly, parfait, muffin, waffle, pudding, tart, cookie, apple pie, pancake, chocolate, doughnut, eclair

What vegetable do you like?　I like potatoes.

tomato, onion, cabbage, carrot, eggplant, green pepper, lettuce, radish, sweet potato, spinach, string bean, cucumber, etc.

3. 活動計画（3時間扱い）

◆ 第1時　お菓子や野菜のカードを作ろう！

① お菓子の絵カード（p.47），野菜の絵カード（p.30～31）を作る。
② 好きなものをたずねる言い方を知る。
③ お菓子や野菜の名前の言い方を知り，慣れる。

◆ 第2時　好きなお菓子をたずねてみよう！（本時）

◆ 第3時　好きな野菜をたずねてみよう！

① What vegetable do you like?　I like potatoes. の言い方を練習する。
② 野菜の名前の言い方を練習する。
③ 「みんなでどの野菜をゲットするかな？」ゲームをする。（p.34～35）

4. 第2時 好きなお菓子をたずねてみよう！の活動案

① ねらい
エンドレスゲームを楽しみながら，いろいろなお菓子の言い方に慣れる。

② 準備するもの
・お菓子カード（p.47）

③ 言語材料
What sweets do you like?　I like cakes.

cake, candy, ice cream, jelly, parfait, muffin, waffle, pudding, tart, cookie, apple pie, pancake, chocolate, doughnut, eclair

④ 活動の展開例

活　動　内　容	指　導　者　の　支　援
1．はじめのあいさつ（p.188）をする。	● リラックスして活動に入ることができるように一人一人に笑顔であいさつをする。
2．好きなお菓子をたずねる言い方やお菓子の名前の言い方を知る。	● 絵カードを見せながらお菓子の言い方の発音を聞かせ，繰り返させる。 ● お菓子の言い方については身近で日常使っている言葉も多いので，発音が日本語的にならないようイントネーションに注意させたい。 ● ここでは複数形を扱っているので，語尾のｓの発音に気づかせるようにする。
3．エンドレスゲーム（p.46〜47）をする。	● ゲームの進め方を説明する。 ● 言葉と手拍子がリズミカルに繰り返されるので，はじめはゆっくりとゲームを進める。 ● 子どもたちがリズムにのれるように，指導者がテンポをリードするようにする。
評価　○ リズムに合わせて，発音しようとしている。	
4．おわりのあいさつ（p.189）をする。	● 子どもたちのがんばりをほめる言葉をかけるようにする。

高学年 **4月**

1. 好きな果物や野菜の たずね方に慣れよう！

②

1. ねらい

① 果物や野菜の名前の言い方に慣れる。

② What ～ do you like?　I like ～ . を使って会話を楽しむ。

③ Do you like ～？　Yes, I do. を使って会話を楽しむ。

2. 言語材料

What fruit do you like?　I like grapes.

apple, orange, grapes, melon, lemon, watermelon, strawberry, pineapple, banana, cherry, kiwi, blueberries, peach, pear, grapefruit

Do you like tomatoes?　Yes, I do.

onion, cabbage, tomato, carrot, eggplant, green pepper, lettuce, radish, potato, sweet potato, spinach, string bean, cucumber, etc.

3. 活動計画（4時間扱い）

◆ 第1時　絵カードを作ろう！

　① 果物の絵カード（p.49）を作る。

　② 野菜の絵カード（p.30 〜 31）を作る。

　③ 果物や野菜の言い方を復習する。

◆ 第2時　好きな果物をたずねてみよう！（本時）

◆ 第3時　好きかどうかをたずねてみよう！

　① 野菜の名前の言い方を復習する。

　② Do you like tomatoes?　Yes, I do. の言い方を復習する。

　③ 野菜カード集めゲームを楽しむ。（p.32 〜 33）

◆ 第4時　名札を作ろう！

　○英語活動の時間に使用する自分の名札を作る。

　☆厚紙を使ったり，フェルトに刺繍をしたりするなど各自が工夫する。

166

4. 第2時 好きな果物をたずねてみよう！の活動案

① ねらい
果物を表す言葉に慣れ，What 〜 do you like? I like 〜 . の表現を使って会話を楽しむ。

② 準備するもの
・果物カード（p.49）

③ 言語材料
What fruit do you like? I like grapes.

apple, orange, grapes, melon, lemon, watermelon, strawberry, pineapple, banana, cherry, kiwi, blueberries, peach, pear, grapefruit

④ 活動の展開例

活 動 内 容	指 導 者 の 支 援
1. はじめのあいさつ（p.188）をする。	● あいさつをすることで，英語活動のはじまりを意識させたい。
2. 果物を表す言葉を聞き，発音に慣れる。	● 絵カードを見せながら果物の言い方の発音を聞かせ，繰り返させる。 ● 野菜の言い方については生活の中で使っている言葉も多いので，発音が日本語的にならないように注意させたい。
3. チェーンカードゲーム（p.48 〜 49）をする。	● ゲームの進め方を説明する。 ● 聞き慣れない発音の果物もできるだけゲームの会話に入れるようにさせる。 ● 会話を繰り返すことによって， What fruit do you like? I like grapes. のフレーズを練習することになるので，ゲームが長く続くようにカードを多めに用意する。 ● ゲームに熱中するあまり，発音が不正確にならないように気をつける。
評価　○ ゲームを通し，楽しく英語のやりとりができたか。	
4. おわりのあいさつ（p.189）をする。	● 子どもたちのがんばりをほめる言葉をかけるようにする。

高学年 5月

2. 飼っている生き物や動物のたずね方に慣れよう！

②

1. ねらい

① 生き物や動物の名前の言い方に慣れる。
② Do you have ～？ Yes, I do. I have ～. の表現を使って会話を楽しむ。
③ ゲームを通して，友だちとの交流を楽しむ。

2. 言語材料

Do you have a pet? Yes, I do. I have a dog. / No, I don't.
koala, mouse, turkey, bear, sheep, goat, goose, frog, giraffe, elephant, snake, kangaroo, monkey, pig, horse, lion, goldfish, duck, cow, turtle, panda, tiger, gorilla, penguin, zebra, dog, cat, rabbit, hamster, butterfly, dragonfly, beetle

3. 活動計画（3時間扱い）

◆ 第1時　絵カードを作ろう！
　① 生き物や動物の絵カード（p.20～21）を作る。
　② 生き物や動物の言い方に慣れる。

◆ 第2時　ペットを飼っているの？（本時）

◆ 第3時　飼っている動物をたずねてみよう！
　① 動物の名前の言い方を復習する。
　② Do you have ～？ Yes, I do. の言い方を復習する。
　③ ゴー・フィッシュゲームを楽しむ。（p.26～27）

4. 第2時 ペットを飼っているの？の活動案

① ねらい

生き物を表す言葉に慣れ，Do you like 〜？ Yes, I do. I have a dog. の表現を使って会話を楽しむ。

② 準備するもの

・動物カード（p.20 〜 21）

③ 言語材料

Do you have a pet?　Yes, I do. I have a dog. / No, I don't.
koala, mouse, turkey, bear, sheep, goat, goose, frog, giraffe, elephant, snake, kangaroo, monkey, pig, horse, lion, goldfish, duck, cow, turtle, panda, tiger, gorilla, penguin, zebra, dog, cat, rabbit, hamster, butterfly, dragonfly, beetle

④ 活動の展開例

活動内容	指導者の支援
1．はじめのあいさつ（p.188）をする。	● 一対一の会話ができるように一人一人の子どもに話しかける。
2．生き物の名前を聞き，発音に慣れる。	● 絵カードを見せながら生き物（ペット）の言い方の発音を聞かせ，繰り返させる。 ● 昆虫は子どもたちにとって親しみのある生き物であるが，英語の名前はあまりなじみがない。はじめて取りあげる単語については，ゆっくりと時間をかけて発音練習をさせる。
3．ペットの仲間さがしゲーム（p.24 〜 25）をする。	● ゲームの進め方を説明する。 ● 1人が1枚のカードを持ってゲームをするので，1回のゲームが短時間で終了することがある。カードの種類を多く用意して，繰り返しゲームができるようにする。
評価　○ 新しい単語を進んで使おうとしている。	
4．おわりのあいさつ（p.189）をする。	● 子どもたちのがんばりをほめる言葉をかけるようにする。

高学年 3. 好きな野菜や食べ物のたずね方に慣れよう！

6月

②

1. ねらい

① 野菜や食べ物の名前の言い方に慣れる。

② What 〜 do you like 〜？ I like 〜. の表現を使って会話を楽しむ。

2. 言語材料

What vegetable do you like?　I like potatoes.

tomato, onion, potato, carrot, eggplant, green pepper, lettuce, cabbage, sweet potato, radish, spinach, string bean, cucumber, etc.

What food do you like?　I like curry and rice.

bread, chicken, curry and rice, hamburger, rice, salad, etc.

3. 活動計画（3時間扱い）

◆ 第1時　野菜の絵カードを作ろう！

① 野菜（p.30〜31）や食べ物（p.42〜43）の絵カードを作る。

② 好きなもののたずね方を復習する。

◆ 第2時　好きな野菜は何？（本時）

◆ 第3時　好きな食べ物をたずねてみよう！

① 食べ物の名前の言い方を復習する。

② What food do you like?　I like 〜. の言い方を復習する。

③「何が好き？」ゲームを楽しむ。（p.40〜41）

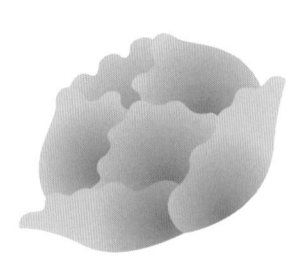

4. 第2時 好きな野菜は何？の活動案

① ねらい
野菜の名前の言い方に慣れ，What 〜 do you like 〜？ I like 〜．の表現を使って，友だちとの会話を楽しむ。

② 準備するもの
・野菜カード（p.30 〜 31）

③ 言語材料
What vegetable do you like? I like potatoes.
tomato, onion, potato, carrot, eggplant, green pepper, lettuce, cabbage, sweet potato, radish, spinach, string bean, cucumber, etc.

④ 活動の展開例

活 動 内 容	指 導 者 の 支 援
1. はじめのあいさつ（p.188）をする。	● 学習意欲を引き出すように，指導者みずからが元気に子どもたちに言葉をかける。
2. 野菜の名前を聞き，発音のしかたを復習する。	● カードを見せながら野菜の発音を聞かせ，繰り返させる。 ● 野菜の言い方については生活の中で使っている言葉も多いが，ここでは特にイントネーションに注意させたい。
3.「たくさんの野菜をゲット」ゲーム（p.36 〜 37）をする。	● ゲームの進め方を説明する。 ● 聞き慣れない発音の野菜もできるだけゲームの会話に入れるようにさせる。 ● 会話を繰り返すことによって，What vegctable do you like? I like 〜．のフレーズを練習することになるので，できるだけゲームの回数を多くする。
評価　○ 好きなものをたずねる表現に慣れ，会話を楽しもうとする。	
4. おわりのあいさつ（p.189）をする。	● 子どもたちのがんばりをほめる言葉をかけるようにする。

高学年　　　　　　　　　　　　　　　　　　　　　　　　　　7月
4. 世界とスポーツをテーマに活動しよう！

②

1. ねらい

① 国名やスポーツの名前の言い方に慣れる。

② Where do you live?　I live in 〜 . や What 〜 do you like?　I like 〜 . の表現を使って，友だちと会話を楽しむ。

2. 言語材料

Where do you live?　I live in Spain.

Japan, Australia, Spain, America, Brazil, Korea, Italy, France

What sport do you like?　I like baseball.

soccer, basketball, volleyball, table tennis, badminton, handball, tennis, dancing, swimming, dodge ball, jump rope, skating, skiing, bowling, judo, karate, marathon, golf, surfing

3. 活動計画（3時間扱い）

◆ 第1時　国とスポーツの絵カードを作ろう！

① 国を紹介する絵カード（p.94 〜 95）やスポーツの絵カード（p.76 〜 77）を作る。

② 好きなもののたずね方を復習する。

③ 住んでいる場所のたずね方を知る。

◆ 第2時　どこに住んでいるの？（本時）

◆ 第3時　好きなスポーツをたずねてみよう！

① スポーツの名前の言い方を復習する。

② What sport do you like?　I like 〜 . の言い方を復習する。

③ ジャンボカルタをする。（p.74 〜 75）

4. 第2時 どこに住んでいるの？の活動案

① ねらい
国名の言い方を知り，Where do you live? I live in 〜 . の表現を使って，友だちとの会話を楽しむ。

② 準備するもの
・いろいろな国カード（p.94 〜 95）

③ 言語材料
Where do you live? I live in Spain.
Japan, Australia, Spain, America, Brazil, Korea, Italy, France

④ 活動の展開例

活 動 内 容	指 導 者 の 支 援
1．はじめのあいさつ（p.188）をする。	● ・一人一人に体の調子をたずねる言い方をまじえてあいさつをする。
2．国名の言い方や住んでいる場所をたずねる言い方を知る。	● 国を紹介する絵カードを見せながら，国名と住んでいる場所をたずねる言い方を練習させる。 ● 国名やWhere do you live? I live in 〜 . の表現をはじめて扱うので，発音・イントネーションを確認しながら練習を進める。
3．住んでいる国ゲーム（p.92 〜 93）をする。	● ゲームの進め方を説明する。 ● 国名を当てるヒントは，動物や食べ物など子どもたちにとって親しみのある言葉や既習の単語を使うようにする。 ● 教室の中を子どもたちが動きまわるゲームなので，答えを言わせるときは静かに集中させるようにする。
評価　○ ゲームを通して，外国のようすについて関心を持とうとする。	
4．おわりのあいさつ（p.189）をする。	● 子どもたちのがんばりをほめる言葉をかけるようにする。

高学年　9月

5. 衣服と色をテーマに活動しよう！

②

1. ねらい

① 衣服や色の名前の言い方に慣れる。

② She is wearing a shirt and ～ . や What ～ do you want? I want ～ . の表現を使って，友だちと会話を楽しむ。

2. 言語材料

She is wearing a T-shirt. She is wearing a T-shirt and a sweater.

She is wearing a T-shirt, a sweater and pants.

T-shirt, shirt, jacket, socks, coat, skirt, hat, cap, shoes, glasses, pants, sweater

What color do you want? I want red.

red, blue, yellow, black, white, green, orange, brown, purple, gray, pink, light blue

3. 活動計画（3時間扱い）

◆ 第1時　着せかえ人形セットや色カードを作ろう！

① 着せかえ人形セット（p.73）や色カードを作る。

② 衣服や色の言い方を復習する。

③ ほしい物のたずね方を知る。

◆ 第2時　この子はシャツとセーターを着ているよ！（本時）

◆ 第3時　ほしい色をたずねてみよう！

① 色の名前の言い方を復習する。

② What color do you want? I want ～ . の言い方を復習する。

③ 色カード集めゲームをする。（p.52 ～ 53）

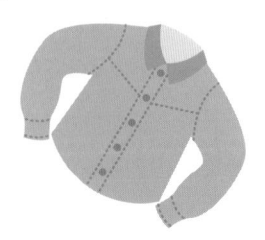

4. 第2時 この子はシャツとセーターを着ているよ！の活動案

① ねらい
衣服の言い方を知り，She is wearing A and B. の表現を使って，着ているようすを表現することに慣れる。

② 準備するもの
・着せかえ人形セット（p.73）

③ 言語材料
She is wearing a T-shirt. She is wearing a T-shirt and a sweater.
She is wearing a T-shirt, a sweater and pants.
T-shirt, shirt, jacket, socks, coat, skirt, hat, cap, shoes, glasses, pants, sweater

④ 活動の展開例

活 動 内 容	指 導 者 の 支 援
1. はじめのあいさつ（p.188）をする。	● 子どもたち一人一人と目線を合わせ，気持ちをこめてあいさつをする。
2. 衣服の名前や着ているようすを表現する言い方を復習する。	● 着せかえ人形セットの衣服を見せながら衣服の名前を知らせ，練習させる。 ● 衣服の言い方については生活の中で使っている言葉も多いので，発音が日本語的にならないように注意させたい。 ● 名詞をつなげるときは and を使うことに注意させる。
3. 着せかえゲーム（p.72〜73）をする。	● ゲームの進め方を説明する。 ● グループごとの活動になるので，それぞれのグループがスムーズに活動できるように注意する。指導者が複数の場合は，子どもの中に入って一緒にゲームを進める。 ● できれば，he, she の使い方のちがいにもふれるようにする。
評価　○ 友だちの説明をきちんと聞き，自分も発言しようとする。	
4. おわりのあいさつ（p.189）をする。	● 子どもたちのがんばりをほめる言葉をかけるようにする。

高学年　6. 自分の家族や好きな飲み物を紹介しよう！

10月

②

1. ねらい

① 家族の言い方を知る。
② 飲み物の名前の言い方に慣れる。
③ Who is this?　This is 〜 . や What 〜 do you like?　I like 〜 . の表現を使って，友だちとの会話を楽しむ。

2. 言語材料

Who is this?　This is my mother.

father, grandfather, grandmother, brother, sister, me, uncle, aunt, cousin, dog

What drink do you like?　I like orange juice.

orange juice, coffee, tea, milk, cola, cocoa, green tea, kiwi juice, soda, apple juice, tomato juice, banana juice, water, grape juice, pineapple juice, oolong tea

3. 活動計画（3時間扱い）

◆ **第1時　家族の表（家系図）や飲み物さいころを作ろう！**

① 家系図（p.97）や飲み物さいころ（p.56〜57）を作る。
② 家族の言い方を知る。
③ 好きな物のたずね方を復習する。

◆ **第2時　自分の家族を友だちに紹介しよう！（本時）**

◆ **第3時　好きな飲み物をたずねてみよう！**

① 飲み物の名前の言い方を復習する。
② What drink do you like?　I like 〜 . の言い方を復習する。
③ さいころゲームをする。（p.58〜59）

4. 第2時 自分の家族を友だちに紹介しよう！の活動案

① ねらい
家族の言い方を知り，Who is this? This is my mother. の表現を使って，家族を紹介することに慣れる。

② 準備するもの
・家系図（p.97）
・家族の写っている写真

③ 言語材料
Who is this?　This is my mother.
father, grandfather, grandmother, brother, sister, me, uncle, aunt, cousin, dog

④ 活動の展開例

活 動 内 容	指 導 者 の 支 援
1. はじめのあいさつ（p.188）をする。	● リラックスして活動に入ることができるように，一人一人に笑顔であいさつをする。
2. 家族の名前や紹介の仕方を知る。	● モデルとなる家系図を見せながら家族の言い方を知らせ，練習させる。 ● 紹介の仕方は Who is this? とたずね，This is my ～ . と答える形とする。
3. 家族紹介（p.96～97）をする。	● 活動の進め方を説明する。 ● 2人1組の活動となるので，それぞれのペアがスムーズに活動できるように全体に目を向ける。指導者が複数の場合は，子どもの中に入って一緒に活動を進める。 ● 家族構成はそれぞれちがうので，各家庭の状況について配慮して，活動を進める。
評価　○ 友だちの説明をきちんと聞き，自分も発言しようとする。	
4. おわりのあいさつ（p.189）をする。	● 子どもたちのがんばりをほめる言葉をかけるようにする。

> 高学年 11月

7. スポーツや数をテーマに活動しよう！

②

1. ねらい

① スポーツの名前や数の言い方に慣れる。

② Do you like ～? Yes, I do. や How many ～ do you have? I have three ～ . の表現を使って，友だちとの会話を楽しむ。

2. 言語材料

Do you like tennis? Yes, I do. / No, I don't.

baseball, soccer, basketball, volleyball, table tennis, badminton, handball, dancing, swimming, dodge ball, jump rope, skating, bowling, judo, karate, marathon, golf, skiing, surfing

How many eyes do you have? I have three eyes.

eye, nose, mouth, ear, tooth, eyebrow, tongue

one, two, three, four, five, six, seven, eight, nine, ten, eleven, twelve, thirteen, fourteen, fifteen, sixteen, seventeen, eighteen, nineteen, twenty

3. 活動計画（3時間扱い）

◆ 第1時　スポーツ・ビンゴシートやモンスターシートを作ろう！

① スポーツのビンゴシート（p.79）やモンスターシート（p.13）を作る。

② スポーツの名前や数の数え方を復習する。

③ 好きな物のたずね方やいくつあるかをたずねる言い方を復習する。

◆ 第2時　友だちの好きなスポーツをあてよう！（本時）

◆ 第3時　いくつあるの？

① 体の部位の名前や数の数え方を復習する。

② How many eyes do you have? I have three eyes. の言い方を復習する。

③ モンスターゲームをする。（p.12～13）

4. 第2時 友だちの好きなスポーツをあてよう！の活動案

① ねらい
スポーツの名前の言い方や，Do you like tennis? Yes, I do. / No, I don't. の表現を使って，友だちとの会話を楽しむ。

② 準備するもの
- スポーツカード（p.76 〜 77）
- スポーツのビンゴシート（p.79）

③ 言語材料
Do you like tennis? Yes, I do. / No, I don't.
baseball, soccer, basketball, volleyball, table tennis, badminton, handball, dancing, swimming, dodge ball, jump rope, skating, bowling, judo, karate, marathon, golf, skiing, surfing

④ 活動の展開例

活動内容	指導者の支援
1．はじめのあいさつ（p.188）をする。	● 一対一の会話ができるように一人一人の子どもに話しかける。
2．スポーツの名前や好きかどうかたずねる言い方を復習する。	● スポーツの絵カードを見せながら，スポーツの名前を確認して繰り返し練習させる。 ● スポーツの名前は日常よく使われているので，できるだけ多くの種目を取り上げたい。オリンピックなどのスポーツイベントに合わせて活動すると関心も高まる。
3．スポーツビンゴゲーム（p.78 〜 79）をする。	● ゲームの進め方を説明する。 ● 教室の中を子どもたちが自由に動きまわるゲームなので，サインをもらうことに気をとられて会話のやりとりが不正確にならないように注意する。 ● 指導者が複数の場合は，子どもの中に入って一緒に活動を進める。
評価　○ 学習した表現を使って，友だちと会話を楽しもうとしている。	
4．おわりのあいさつ（p.189）をする。	● 子どもたちのがんばりをほめる言葉をかけるようにする。

高学年

12月

8. 季節や天気のことを伝えよう！

②

1. ねらい

① 季節の名前や天気の言い方に慣れる。

② What season is this? It's ～．I eat ～ in ～．や How's the weather in ～？ It's sunny. の表現を使って，友だちとの会話を楽しむ。

2. 言語材料

What season is this? It's summer. I eat watermelons in summer.

spring, summer, fall/autumn, winter

How's the weather in Tokyo? It's sunny.

sunny, cloudy, rainy, snowy, windy, stormy, foggy

Sapporo, Sendai, Tokyo, Nagoya, Osaka, Fukuoka, Naha

3. 活動計画（4時間扱い）

◆ **第1時　季節のワークシートやインタビューカードを作ろう！**

① 季節のチェックシート（p.61）やインタビューカード（p.85）を作る。

② 季節の名前や天気を表す言葉を練習する。

③ What ～？や How ～？ではじまるたずね方を練習する。

◆ **第2時　どの季節に食べるの？（本時）**

◆ **第3時　天気を予想しよう！**

① 天気の名前や地名の言い方を復習する。

② How's the weather in Tokyo? It's sunny. の言い方を練習する。

③ 天気インタビューゲームをする。（p.84～85）

◆ **第4時　集会活動**

○クリスマスパーティーをしよう！

（例）☆ 本物のお菓子や飲み物を用意してパーティーをする。

☆「買い物をしよう！」（p.90～91）を参考にして，お菓子や飲み物を使ってお店屋さんごっこをする。

☆ これまでのゲームの中から人気のあったものをみんなで楽しむ。

4. 第2時 どの季節に食べるの？の活動案

① ねらい
季節の名前の言い方や，What season is this? It's 〜. I eat 〜 in 〜. の表現を使って友だちとの会話を楽しむ。

② 準備するもの
・季節を考えるカード（p.63）
・季節チェックシート（p.61）

③ 言語材料
What season is this? It's summer. I eat watermelons in summer.
spring, summer, fall/autumn, winter

④ 活動の展開例

活動内容	指導者の支援
1. はじめのあいさつ（p.188）をする。	● 学習意欲を引き出すように，指導者みずからが元気に言葉をかける。
2. 季節の名前を復習し，What season is this? It's 〜. I eat 〜 in 〜. の表現を知る。	● 季節の絵カードを見せながら季節の名前を復習して，繰り返し練習させる。 ● What season is this? It's 〜. I eat 〜 in 〜. の表現を扱うのははじめてなので，ていねいに指導する。繰り返し練習させ，スムーズに言えるようにすると次の活動がうまく進む。
3.「どの季節に何するの？」(p.62〜63）の活動をする。	● 活動の進め方を説明する。 ● 教室の中を子どもたちが自由に動きまわるゲームなので，カードを交換したりカードにチェックを入れたりすることに気をとられて，会話のやりとりが不正確にならないように注意する。 ● 指導者が複数の場合は，子どもの中に入って一緒に活動を進める。
評価 ○ 学習した表現を使って，友だちと会話を楽しもうとしている。	
4. おわりのあいさつ（p.189）をする。	● 子どもたちのがんばりをほめる言葉をかけるようにする。

高学年　1月

9. 体調を伝えたり，好きなお菓子をたずねたりしよう！

②

1. ねらい

① 体調の言い方や好きなもののたずね方に慣れる。

② What's the matter? I have a fever. I need an ice pack. や What sweets do you like? I like cakes. の表現を使って，友だちとの会話を楽しむ。

③ ロール・プレイ（役割演技）をしながら，英語を使って活動を楽しむ。

2. 言語材料

May I help you?

Yes, please.

What's the matter?

I have a fever.

I need a thermometer（or an ice pack, medicine）.

Here you are. / I'm sorry. We don't have one.

Thank you.

What sweets do you like? I like cakes.

cake, candy, ice cream, jelly, parfait, muffin, waffle, pudding, tart, cookie, apple pie, pancake, chocolate, doughnut, eclair

3. 活動計画（3時間扱い）

◆ 第1時　薬屋さんの開店準備をしよう！

　① 薬屋さんに必要な絵カードを作る。(p.89)

　② 体の調子を表す言葉や薬屋さんとのやりとりの表現を練習する。

◆ 第2時　薬屋さんへ行って，手当てをしよう！（本時）

◆ 第3時　好きなお菓子は何？

　① お菓子の名前の言い方を復習する。

　② What sweets do you like? I like cakes. の言い方を練習する。

　③ エンドレスゲームをする。(p.46～47)

4. 第2時 薬屋さんへ行って，手当てをしよう！の活動案

① ねらい
子どもたちの日常生活でかかわりがある病気やけがの言い方に慣れる。

② 準備するもの
・病気とけがのカード（p.87）
・手当てのための用具カード（p.89）

③ 言語材料
Hello. May I help you? Yes, please. What's the matter? I have a fever.
I need a thermometer. OK. Here you are. I'm sorry. We don't have one. Thank you. Bye.

④ 活動の展開例

活 動 内 容	指 導 者 の 支 援
1．はじめのあいさつ（p.188）をする。	● 一人一人に体の調子をたずねる言い方をまじえてあいさつをする。
2．薬屋さんとお客さんのやりとりの言い方を知る。	● 活動で使う薬屋さんとお客さんの台詞の言い方を知らせ，繰り返し練習させる。 ● 体の部位の言い方については絵を掲示したり，実際の体の部位を指したりするなどしてていねいに扱う。
3．薬屋さんごっこ（p.88～89）の活動をする。	● 活動の進め方を説明する。 ● 薬屋さんとお客さんの台詞が子どもにとって難しければ，台詞を短くするなどして活動が楽しめるようにさせる。 ● 「○○薬局」「薬の○○」などの表示を書いたり薬屋の店員に白衣を着せたりするなどして，雰囲気を盛り上げたい。 ● 全員が薬屋さんとお客さんの役を交代してできるようにする。
評価　○ ある場面を想定した会話を楽しもうとする。	
4．おわりのあいさつ（p.189）をする。	● 子どもたちのがんばりをほめる言葉をかけるようにする。

高学年　2月

10. 時計や形をテーマに活動しよう！

②

1. ねらい

① 時刻の聞き方や答え方，形の言い方に慣れる。

② What time 〜 ?　It 〜 o'clock. や What shape do you like?　I like 〜 . の表現を使って，友だちとの会話を楽しむ。

2. 言語材料

What time does it leave?　It leaves at eight o'clock.

Please take one card.

one, two, three, four, five, six, seven, eight, nine, ten, eleven, twelve

What shape do you like?　I like squares.

square, triangle, circle, diamond, rectangle, oval, pentagon, hexagon, heart, star, crescent

3. 活動計画（3時間扱い）

◆ **第1時　活動の準備をしよう！**

① 時計カードや「出発は何時？」ゲームシートを作る。（p.69）

② 形シートを作る。（p.65）

③ 時刻の聞き方や答え方を練習する。

◆ **第2時　出発は何時？（本時）**

◆ **第3時　好きな形は，どれ？**

① 形の名前の言い方を復習する。

② What shape do you like?　I like squares. の言い方を練習する。

③ 形さがしゲームをする。（p.64 〜 65）

4. 第2時 出発は何時？の活動案

① ねらい
時刻の聞き方や答え方に慣れる。

② 準備するもの
・時計カード12枚（p.69）
・「出発は何時？」ゲームシート（p.69）

③ 言語材料
What time does it leave?　It leaves at eight o'clock.

Hello!　Please take one card.

one, two, three, four, five, six, seven, eight, nine, ten, eleven, twelve

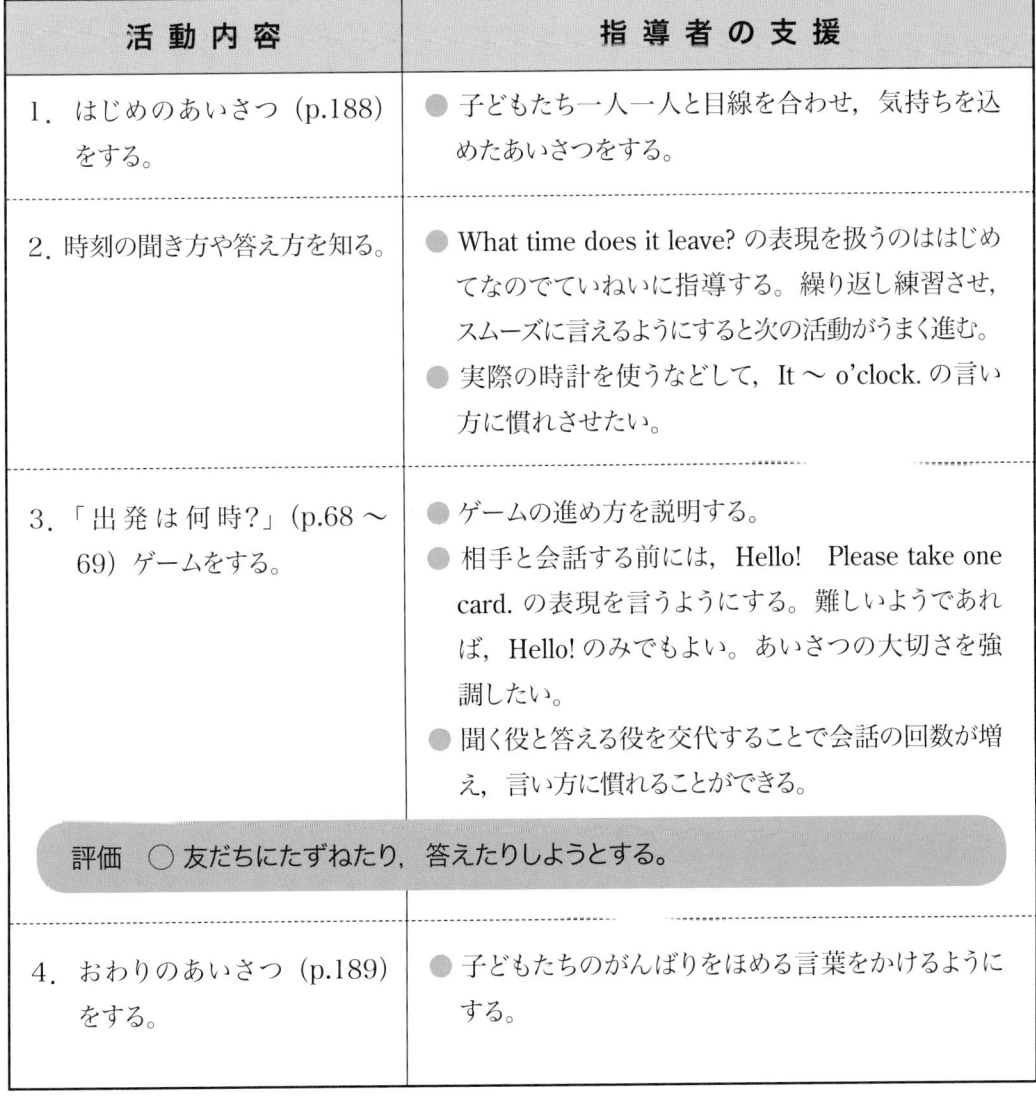

④ 活動の展開例

活動内容	指導者の支援
1．はじめのあいさつ（p.188）をする。	● 子どもたち一人一人と目線を合わせ，気持ちを込めたあいさつをする。
2．時刻の聞き方や答え方を知る。	● What time does it leave? の表現を扱うのははじめてなのでていねいに指導する。繰り返し練習させ，スムーズに言えるようにすると次の活動がうまく進む。 ● 実際の時計を使うなどして，It ～ o'clock. の言い方に慣れさせたい。
3．「出発は何時？」（p.68～69）ゲームをする。	● ゲームの進め方を説明する。 ● 相手と会話する前には，Hello!　Please take one card. の表現を言うようにする。難しいようであれば，Hello! のみでもよい。あいさつの大切さを強調したい。 ● 聞く役と答える役を交代することで会話の回数が増え，言い方に慣れることができる。
評価　○ 友だちにたずねたり，答えたりしようとする。	
4．おわりのあいさつ（p.189）をする。	● 子どもたちのがんばりをほめる言葉をかけるようにする。

高学年　**3月**

11. 学校の中を案内したり，買い物に行ったりしよう！

②

1. ねらい

① 教室の場所を伝える言い方やスーパーマーケットでの買い物のしかたに慣れる。

② Where is ～？ Go straight and turn right. や How much is this？ ～ dollars. の表現を使って，友だちとの会話を楽しむ。

③ ロール・プレイ（役割演技）をしながら，英語を使って活動を楽しむ。

2. 言語材料

Excuse me.　　　　　　　　　　　　Yes.

I'm looking for the music room.

Where is the music room?　　　　　　OK. Go straight and turn right.

Thank you very much.　　　　　　　 You are welcome.

Good-bye.　　　　　　　　　　　　 Good-bye.

library, science lab, music room, art room, cooking room, gym, nurse's office, teachers' room, principal's office, announcement studio, classroom

How much is this?　16dollars.　Here you are.　Thank you.

This is your change.

I have an ice cream, two tomatoes, three candies and a pen.

3. 活動計画（3時間扱い）

◆ 第1時　活動の準備をしよう！

① 学校案内マップ，矢印方向カード（p.81）を作る。

② スーパーマーケットで売っている品の絵カード（例えば野菜 p.30 ～ 31），買い物かごシート，おもちゃのドル紙幣を作る。（p.90 ～ 91）

◆ 第2時　教室はどこにあるの？（本時）

◆ 第3時　スーパーマーケットへ行って買い物をしよう！

① 買い物をする。

② スーパーマーケットでの買い物の会話を練習する。

③ 買い物をしよう。（p.90 ～ 91）

4. 第2時 教室はどこにあるの？の活動案

① ねらい
学校の教室の行き方をたずね，方向を案内する場面遊びを楽しむ。

② 準備するもの
・学校案内マップ（p.81）
・矢印方向カード（p.81）

③ 言語材料

Excuse me.　　　　　　　　　　　　　　Yes.
I'm looking for the music room.
Where is the music room?　　　　　　　OK. Go straight and turn right.
Thank you very much.　　　　　　　　　You are welcome.
Good-bye.　　　　　　　　　　　　　　Good-bye.

library, science lab, music room, art room, cooking room, gym, nurse's office, teachers' room, principal's office, announcement studio, classroom

④ 活動の展開例

活 動 内 容	指 導 者 の 支 援
1．はじめのあいさつ（p.188）をする。	● リラックスして活動に入ることができるように一人一人に笑顔であいさつをする。
2．教室の名前，場所のたずね方や案内のしかたを復習する。	● 教室名は聞き慣れない言葉なので，発音を正確に聞かせたい。 ● 学校の教室の場所を案内するときに使う言い方を知らせ，繰り返し練習させる。2人の会話が続くので，一つ一つの会話表現をていねいに言わせる。
3．「教室はどこにあるの？」（p.80〜81）の活動をする。	● 活動の進め方を説明する。 ● 2人の会話が長く難しく感じられるようであれば，会話文を簡略にしたり省略したりしてもよい。正確な会話表現を求めようとせず，活動が楽しめるようにさせる。 ● たずねる役と案内する役を交代で行い，できるだけ会話を繰り返させたい。
評価　○ある場面を想定した会話を楽しもうとする。	
4．おわりのあいさつ（p.189）をする。	● 子どもたちのがんばりをほめる言葉をかけるようにする。

Classroom English に挑戦してみましょう！

[1] あいさつ

　授業のはじめとおわりには，必ずあいさつをするようにしましょう。簡単な英語表現からはじめて，慣れてきたら先生もいろいろな言い方に挑戦してみてください。ここに紹介した英語表現は，できるだけ簡単な言い方にしてあります。意味も似通っているものも多く，子どもたちにとってもわかりやすい表現だと思います。授業ごとに使い分けていくと子どもたちも新鮮な印象を受けるでしょう。

(1) はじめのあいさつ

先　生　Good morning. (Good afternoon.)
子ども　Good morning. (Good afternoon.)

　基本形はこれでいいのですが，授業を重ねていくうちに，次のようなあいさつをするようにしましょう。(　)は，別の言い方の例です。

　まずは，教室全体の子どもたちに向かって，

先　生　Hello, everyone! (Hello, boys and girls!)
　　　　　Good morning! (Good afternoon!) と元気に言います。

　それに対して，

子ども　Good morning, Akane sensei!　と返事をします。

　ここで先生が，一人一人に声をかけてあいさつすることが大事です。

　次に「元気ですか」「はい，元気です。先生もお元気ですか」という決まり文句のあいさつとなるわけですが，

先　生　How are you?
子ども　I'm fine, thank you. And you?

　ここでも，全体の子どもに声をかけた後に，一人一人に声をかけることで，英語によるコミュニケーションをしたことになります。

　低学年の子どもたちには，もっと簡単に，

Fine! Good! OK! (I'm OK.)　でもよいでしょう。短い言葉でも気軽に言えるようになれば，すばらしいことです。また，そうした雰囲気のある教室にしたいものです。また，学年が上がるにつれて，

I'm happy.（とても楽しい）　　　I'm great.（絶好調だよ）
I'm so-so. などの表現が使えるようにしましょう。特に「まあまあ。どちらともい

えないね」の意味として使われる "so-so." は，何か問われたことに対して，"Yes." "No." がはっきりしないときの答えとして，会話の中ではよく使われます。

　このほかに，How are you? に対する返事は，そのときの体調や気分を表現するものとして，
I'm hungry.（お腹ぺこぺこ）I'm full.（お腹いっぱい）
I'm thirsty.（のど乾いてるよ）I'm angry.（おこっているよ）
I'm sleepy.（ねむいよ）などと，子どもたちに答えさせることもできます。ですが，やはり日常会話の中では，よほど体調がすぐれない限り，I'm fine で答えることが基本であり，礼儀なのではないでしょうか。
　そして，

先　生　OK. let's start the class!
　　　　　（Time for the class! / Are you ready? など）
子ども　OK. の会話で授業がスタートします。

　授業に担任以外の指導者やゲストが参加する場合には，はじめて出会ったときのあいさつとして，
ゲスト　Nice to meet you.
子ども　Nice to meet you, too, Jack sensei.
があります。
　特にネイティブスピーカーが来たときなどには，一人一人の子どもたちと握手しながら，このあいさつをさせてください。ネイティブも子どもたちも大喜びします。こうした簡単なあいさつだけでも，子どもたちにとっては，「外国人と会話をした」気分になるものです。
　また，2回目以降に出会ったときのあいさつは，
Nice to see you again.
となります。Nice to meet you. と Nice to see you again. これを使い分けられるようになったら，りっぱな「国際人」といえるのではないでしょうか。

（2）おわりのあいさつ

　基本形は，
先　生　Good-bye. See you soon.
　　　　　（See you next time! / See you next Monday! など）
子ども　Good-bye. See you soon, Mayumi sensei.
となりますが，これもはじめのあいさつと同様に授業を重ねていくうちに，英語表現を増やしていきたいものです。
「よくがんばったね」は，

Good job!（You did a good job. / Everybody did a good job! など）
Well done!
といった表現で，子どもたちのがんばりをほめたたえます。
「これでおしまい」は，
We are finished.　　The class is finished.　　Time is up.
That's all for today.　That's all.
などいろいろな言い方ができます。
「おもしろかった？」は，
Did you have fun?　　Did you enjoy today's class?
「かたづけようね」は，
Let's clean up.
といいます。授業の終わりには，こうした表現を入れてあいさつをします。

　子どもたちの返事は，"Yes." や "OK." といった簡単な言葉でよいでしょう。先生のこうした呼びかけに子どもたちが元気に英語で返答できたら，それだけでも素敵な "Interaction"（双方向的な会話，p.9）となるのではないでしょうか。

[2] ほめる言葉

　授業の中では，子どもたちのがんばりをできるだけほめるようにしましょう。「おわりのあいさつ」の中でも紹介しましたが，そのほかにこんな言い方があります。
Great! / Super! / Excellent! / Wonderful!
などが最上級のほめ言葉としてよく使われます。
　また，
Perfect! / Interesting! / Fantastic!
といった表現もあります。これらの言葉の意味は，正確に訳せば，それぞれ異なるものだと思いますが，あまり気にせずに，子どもたちを認め励ます言葉なのですから，授業ではおおいに使いましょう。何よりも，心のこもった言葉を投げかけることが，子どもたちのやる気を育てることにつながるからです。

[3] 指示する言葉

　よく使う表現として，
Please stand up.（立って）　　　Please sit down.（座って）
Please come here.（こっちに来て）Please go back to your seat.（席にもどって）
などがあります。先生が子どもたちに指示をする訳ですから，"Please" をつける必要はないのですが，その表現を子どもたちが使うときのことを考えるのであれば，ていねいな英語表現としての "Please" はつけて言うべきでしょう。
　また，指示や命令をする英語表現は，身振りや手振りをつけることで，そ

の内容の意味を子どもたちは感覚的に理解することができます。"Body Language"も大事な要素です。同じように，
Raise your hand.（手をあげましょう）
と言いながら先生自身が手をあげれば，子どもたちは手をあげるのだとわかるでしょう。

　この表現の前には，If you ～の文を入れて使うことができます。
If you have any questions, raise your hand.（質問があったら手をあげて）
If you need help, raise your hand.（困ったことがあったら手をあげて）

　英語活動の授業では，毎回といってよいほどよく使われる英語表現に，
Please repeat after me.（わたしの後に続いて言いましょう）
があります。この表現は，
Please repeat after the CD / the tape.（CD/テープを聞いた後に続けて言いましょう）
と言い換えることができます。
　また，ALTなどのネイティブスピーカーの後に続けて言わせるときは，
Please repeat after Jack sensei.
となります。

　このほかにもよく使われるものとしては，
Look at the card.（カードを見て）　　Listen.（聞いて）
Ready, go!（用意，ドン！）　　　　　Make pairs.（ペアになって）
Make groups of five (children).（5人のグループを作って）
などがあります。

・・・・・・・・・・・・・・・・・・・・・・・・・・・・・・・・・・・・・

　ここで紹介したClassroom Englishは，一部に過ぎません。授業をされる先生方が，使いやすい表現を選んで，工夫しながら自信をもって話してください。また，授業の中でとっさにClassroom Englishが出てこないことがあります。そうした時のために使えそうな英語表現を大きく書いて，教室のよく見えるところに掲示しておくと，いつでもそれを見て言えるので安心です。英語の掲示物ですので教室の雰囲気作りにもなります。ぜひ試してみてください。

編著者	吉澤　寿一
	元神奈川県川崎市立古市場小学校

執筆者 （50音順）	石川　奈緒美
	神奈川県川崎市立苅宿小学校
	鬼頭　敬子
	神奈川県川崎市立鷺沼小学校
	轡田　亜子
	神奈川県川崎市立四谷小学校
	竹内　茜
	神奈川県川崎市立下小田中小学校
	水田　真弓
	神奈川県川崎市立高津小学校
	萩野　浩明
	神奈川県川崎市立高津小学校
	藤原　剛
	神奈川県川崎市立幸町小学校
	三田寺　裕美子
	元神奈川県川崎市立南生田小学校

（勤務校は2018年9月現在）

使用上のご注意

本書掲載イラストおよびCD収録データは，本書を購入された個人または団体等が，学校内利用，または営利を目的としない私的利用の範囲で自由に利用することができます。商業目的で利用することはできません。インターネットのホームページで利用する場合は，事前に許可が必要です。（p.98, 右ページ参照）

CDについてのお問い合わせ先

〒167-0052
東京都杉並区南荻窪3-31-18　　株式会社　日本標準
企画編集部
電話 03-3334-2630
※ 祝祭日を除く月～金曜日　10：00～12：00　13：00～17：00
　（年末・年始，夏期休暇等で対応できない場合があります。）
URL　http://www.nipponhyojun.co.jp/

※ ワープロソフト等のアプリケーションソフトウェアの操作方法については，各ソフトウェアの販売元にお問い合わせください。

【カバーイラスト】コージー・トマト
【本文イラスト】広川じゅん
　　　　　　　　MARIA
　　　　　　　　齋藤陽子
　　　　　　　　曽根悦子
　　　　　　　　コージー・トマト
【デザイン】古屋綾子
【CD1 ナレーター】ジュリア・ヤマコフ
　　　　　　　　　ドミニク・アレン
【編集協力・製作】MHRプランニング

小学校学級担任が進める　CD2枚付
子どもが楽しむ英語活動
── アクティビティ・歌・授業プラン ──

2006年 7月30日　第 1刷発行
2018年10月20日　第12刷発行

◇乱丁・落丁の場合はお取り替えいたします。
ISBN 978-4-8208-0271-6

編　著　吉澤寿一
発行者　伊藤　潔
発行所　株式会社日本標準
　　　　東京都杉並区南荻窪3-31-18　〒167-0052
　　　　電話　03-3334-2630【編集】
　　　　　　　03-3334-2620【営業】
　　　　URL　http://www.nipponhyojun.co.jp/
印刷・製本　株式会社リーブルテック